# CÓDIG

DE

# JUSTICIA MILITAR

MANDADO PROMULGAR

POR LA LEY DE 25 DE JUNIO DEL CORRIENTE AÑO.

---

Publicado en la «Gaceta de la Habana»
desde el 21 de Noviembre al 11 de Diciembre de 1890.

---

HABANA.

IMPRENTA DEL GOBIERNO Y CAPITANIA GENERAL POR S. M.

1890.

# GOBIERNO GENERAL DE LA ISLA DE CUBA.

Dispuesta por Real Decreto de 27 de Septiembre último, expedido por el Ministerio de la Guerra, la publicación en las Gacetas de las provincias de Ultramar, del Código de Justicia Militar, mandado promulgar por la Ley de 25 de Junio de este año, he acordado poner el cúmplase á dicha Soberana resolución y que se inserte en la Gaceta de la Habana, el Código de que queda hecho mérito, el cual comenzará á regir en esta Isla, á los veinte días de su publicación, con arreglo á lo estatuído en el artículo 10 del Código Civil.

Habana, 18 de Noviembre de 1890.

*Camilo G. Polavieja.*

# EXPOSICION.

SEÑORA: La Ley de 25 de Junio de este año autorizó al Gobierno de V. M. para publicar un Código de Justicia militar, con arreglo al proyecto presentado á las Cortes por el Ministro de la Guerra y á las modificaciones y adiciones al mismo, que, como resultado de la discusión parlamentaria, se considerasen convenientes, atendidas en particular las consignadas en la exposición de motivos de los dictámenes que emitieron los comisionados de ambas Cámaras.

Era, además, precepto ineludible el de separar en el procedimiento las funciones de instrucción de las de acusación, y el de establecer el asesoramiento de los Consejos de guerra sobre determinadas bases que en la Ley se consignan y precisan.

Facultado el Ministro que suscribe para dictar las disposiciones consiguientes al planteamiento del citado Código y las que hayan de regular el tránsito de la actual á la nueva legislación, ha oído el competente dictamen del Consejo Supremo de Guerra y Marina, según prevenía asimismo la Ley de autorización, y después de estudiado detenidamente el concienzudo y luminoso trabajo de aquel alto Cuerpo, cuya ilustración y celo se han justificado una vez más al prestar el importante servicio de que queda hecho mérito, tiene la honra de proponer á V. M. la publicación en la Gaceta de Madrid y en las de nuestras posesiones Ultramarinas, del adjunto Código de Justicia militar, que ha de regir en todo el territorio español, como escudo de los fines y derechos del Ejército, salvaguardia, á su vez, de la seguridad de la Patria, de la honra nacional y del libre ejercicio de los Poderes del Estado.

Reconocida desde largo tiempo la necesidad de reformar la tradicional legislación de Guerra en materias de justicia, inicióse tan ardua empresa mediante la promulgación sucesiva en 10 de Marzo y 17 de Noviembre de 1884, y 29 de Septiembre de 1886, de las tres leyes hasta ahora vigentes, de organización y atribuciones de los Tribunales militares, Código penal del Ejército y Ley de Enjuiciamiento militar.

Dichos Cuerpos legales, inspirados en el mejor deseo, separábanse, no obstante, en ciertos puntos, del espíritu de las Reales Ordenanzas, y fué indispensable buscar en ellas nuevos moldes para devolver á las clases militares el prestigio, y á la institución armada las garantías, que son el más firme sostén de la jurisdicción de Guerra.

Respondiendo á tales propósitos, así la Comisión que por Real Decreto de 2 de Noviembre de 1887, fué nombrada para formular el proyecto que ha servido de base al Código hoy ultimado, como las Autoridades y funcionarios del Ejército que en él han tenido posterior intervención, por virtud de las observaciones que respecto al mismo se les pidieron y presentaron con notable acierto, los debates parlamentarios vinieron, por fin, á depurar el texto con tal suma de erudicción y exacto conocimiento de la materia, que bien se puede abrigar la halagüeña esperanza de que la reforma, llevada á término con el valioso concurso de tantos y tan expertos elementos, representa un verdadero y eficaz progreso, no solo con relación á las disposiciones hasta ahora vigentes en España, sino también comparado con los Códigos de justicia militar que rigen en las demás naciones.

No se trata, Señora, de una ley que tienda á beneficiar determinadas miras ó conveniencias de partido, enfrente de otras que pudieran considerarse por ellas menoscabadas. Las diversas parcialidades políticas han tenido representación en las Comisiones que en el Senado y en el Congreso han emitido dictámen favorable, y cabe afirmar, por consiguiente, que al ser definitivamente planteada, ha de considerarse como expresión del propósito que por igual anima á todos los Gobiernos de constituir sobre las más sólidas bases los medios de ejecución, desarrollo y defensa de la misión encomendada á la fuerza pública.

Fundado en estas razones, el Ministro que suscribe tiene el honor de proponer á V. M. el siguiente proyecto de decreto.

San Sebastián, 27 de Noviembre de 1890.

SEÑORA:

A. L. R. P. de V. M.,

*Marcelo de Azcárraga.*

## REAL DECRETO.

En cumplimiento de lo provenido en la ley de 25 de Junio de este año; conformándome con lo propuesto por el Ministro de la Guerra, y de acuerdo con el parecer de Mi Consejo de Ministros;

En nombre de mi Augusto Hijo el Rey Don Alfonso XIII, y como Reina Regente del Reino;

Vengo en decretar que se publique en la Gaceta de Madrid y en las de las provincias y posesiones ultramarinas, el adjunto Código de justicia militar, que empezará á regir á los veinte días de su promulgación respectiva, con arreglo á lo dispuesto en el artículo 1º del Código civil.

Dado en San Sebastián, á 27 de Septiembre de 1890.

MARIA CRISTINA.

**El Ministro de la Guerra,**
*Marcelo de Azcárraga.*

# CÓDIGO DE JUSTICIA MILITAR.

## TRATADO PRIMERO.

## Organización y atribuciones de los Tribunales Militares.

## TITULO PRIMERO.

## De la competencia de la Jurisdicción de Guerra.

### CAPITULO I.

### *Disposiciones generales.*

Artículo 1º La jurisdicción de Guerra se ejerce en nombre del Rey por las Autoridades y los Tribunales que esta Ley establece.

Art. 2º Todos los que intervengan en el ejercicio de la jurisdicción de Guerra, serán responsables del delito ó falta en que incurran, por infracción de las leyes ó disposiciones aplicables en cada caso.

Art. 3º La responsabilidad á que se refiere el artículo anterior, sólo podrá exigirse en vía disciplinaria, según corresponda, ó en procedimiento incoado de oficio por acuerdo del Consejo Supremo de Guerra y Marina.

## CAPITULO II.

### *De la competencia de la jurisdicción de Guerra en materia criminal.*

Art 4º La competencia de la jurisdicción de Guerra con exclusión de todas las demás, se determina, en materia criminal, por razón de la persona responsable, del delito cometido y del lugar en que se cometa.

Art. 5º Por razón de la persona responsable, es competente la jurisdicción de Guerra para conocer de las causas que se instruyan por toda clase de delitos, salvo los exceptuados á favor de otras jurisdicciones:

1º Contra los militares en servicio activo, ya se hallen desempeñando sus cargos ó en situación de reemplazo, cuartel ó reserva, supernumerarios ó con licencia temporal ycualquiera que sea su destino, siempre que figuren en las escalas ó cuadros de las Armas, Cuerpos, Institutos, Establecimientos y Academias del Ejército, aunque sea con carácter eventual, mientras dependan del Ministerio de la Guerra, ó cobren sueldo ó haber por el presupuesto del mismo.

2º Contra los individnos que extingan condena en establecimientos militares.

3º Contra los prisioneros de guerra y las personas constituidas en rehenes.

4º Contra las personas que sigan al Ejército en campaña.

Art. 6º Los individuos de las clases de tropa pertenecientes á las reservas, sin goce de haber, solo estarán sujetos á la jurisdicción de Guerra por los delitos militares.

Se consideran, en este concepto, delitos militares, todos los comprendidos en las leyes penales del Ejército.

Para los efectos de esta disposición, se entiende que pertenecen á las reservas, los que habiendo sido filiados con arreglo á las leyes de reclutamiento y reemplazo, se hallen separados de las filas, hasta que reciban su licencia absoluta, segun las mismas leyes.

Igual disposición se aplicará á los que se hallen en expectación de embarque para Ultramar, hasta que se ordene su concentración, quedando entonces sujetos á la jurisdicción de Guerra por toda clase de delitos que sean de competencia de la misma.

Art. 7º Por razón del delito, la jurisdicción de Guerra conoce de las causas que, contra cualquiera persona, se instruyan por:

1º Los de traición comprendidos en esta Ley.

2º Los de deserción é inducción, auxilio ó encubrimiento para realizarla.

3º Los de rebelión y sedición, cuando tengan carácter militar, y la conspiración, proposición, seducción, auxilio, provocación, inducción y excitación para cometer estos delitos.

4º Los de insulto á centinelas, salvaguardias y fuerza armada del Ejército y de cualquier cuerpo militarmente organizado y sujeto á las leyes militares.

Para los efectos de esta disposición, se reputará fuerza armada á los individuos del Ejército en actos del servicio de armas, ó con ocasión de él, y á los de la Guardia Civil y Carabineros, siempre que vistan sus uniformes reglamentarios y presten servicio propio de su instituto, aunque lo verifiquen por mandato ó en auxilio de la Autoridad civil, administrativa ó judicial.

Se entiende por servicio de armas el acto militar que reclama en su ejecución el uso, empleo ó manejo de las mismas, con arreglo á las disposiciones generales que rijan y á las órdenes particulares que dicten los Jefes en su caso.

Para los efectos penales, se reputarán también como tales servicios de armas, aunque éstas no se empuñen por los militares:

I. El de transmitir, recibir y cumplimentar una orden relativa al servicio de armas.

II. Toda acción preparatoria de armarse ó municionarse individualmente, cuando se hallen reunidos ó llamados los soldados para formar.

III. Cuantos actos preliminares ó posteriores al mismo servicio de armas se relacionen con éste ó afecten á su ejecución.

5º Los de espionaje y los cometidos contra el derecho de gentes, comprendidos en los capítulos 2º y 3º, título 5º, tratado segundo de esta Ley.

6º Los de incendio, robo, hurto y estafa de caudales, material, armas, pertrechos, municiones y demás efectos pertenecientes á la hacienda militar ó á los cuerpos, aunque el delito se cometa fuera del cuartel, dependencia ó establecimiento del Ejército.

7º Los de atentado y desacato á las Autoridades militares, y los de injuria y calumnia á éstas, y á las Corporaciones ó colectividades del Ejército, cualquiera que sea el medio para cometer el delito, siempre que éste se refiera al ejercicio de destino ó mando militar, tienda á menoscabar su prestigio ó á relajar los vínculos de disciplina y subordinación en los organismos armados.

Son Autoridades para este efecto, los militares que por razón de su cargo y propia jurisdicción, ejerzan mando superior ó tengan atribuciones judiciales ó gubernativas en el territorio ó localidad de su destino, aunque funcionen con dependencia de otras Autoridades principales.

Lo son también los Auditores, Jueces y Fiscales en el desempeño de su cargo, ó con ocasión de él.

En tiempo de guerra, ó previniéndose para ella oficialmente, serán asimismo considerados como Autoridades militares los Comandantes de cuerpo de Ejército, división, brigada y columna, operando separadamente en lo que comprenda el territorio que ocupen de contínuo ó accidentalmente, hasta donde alcance su acción militar, y los oficiales de cualquier clase destacados para algún servicio, siendo dentro de la localidad ó zona en que deban prestarlo, siempre que allí no exista una Autoridad militar constituida.

8º Los de falsificación de sellos y marcas usados en las oficinas militares, y de documentos que deban expedirse por las dependencias de Guerra.

9º Los de adulteración de provisiones de boca destinadas al suministro de tropas.

10. Los de contrabando cometidos por individuos del cuerpo de Carabineros y demás institutos del Ejército encargados de la represión de dicho delito, aunque delincan con personas extrañas á la jurisdicción de Guerra.

11. Los cometidos con relación á sus asientos y contratas por los asentistas del Ejército.

12. Los comprendidos en los bandos que con arreglo á las leyes dicten los Generales en Jefe de Ejército y demás Autoridades militares.

13. La celebración por los respectivos Párrocos de matrimonios contraídos por individuos de las clases de tropa antes de los plazos marcados en el art. 332.

14. Los que por leyes especiales se atribuyan á la jurisdicción de Guerra.

Art. 8º La jurisdicción de Guerra conoce también de las faltas cometidas por los militares en el ejercicio de sus funciones, que afecten inmediatamente al desempeño de las mismas, así como las comprendidas en los bandos de los Generales en Jefe de Ejército y demás Autoridades militares, y de aquellas en que incurran los Abogados en el desempeño de sus cargos, como defensores ante los Tribunales de Guerra.

Art. 9º La jurisdicción de Guerra es competente por razón del lugar en que el delito se cometa, para conocer de las causas que contra toda clase de personas se instruyan, por los que sin estar comprendidos en el art. 13 de esta ley, se enumeran á continuación:

1º Los cometidos en los cuarteles, campamentos, vivaques, fortalezas, obras militares, almacenes, oficinas, dependencias, fundiciones, maestranzas, fábricas, parques, Academias y demás establecimientos de Guerra, aunque al cometerse el delito no se alojasen tropas ni estuviesen ocupados por material ó efectos militares.

2º Los cometidos en las fortalezas ó plazas sitiadas ó bloqueadas, que afecten á la seguridad de las mismas, perjudiquen su mejor defensa, ó tiendan á alterar en ellas el orden público.

3º Los de rebelión, sedición, robo en cuadrilla de más de tres individuos, secuestro de personas, incendio en despoblado, levantamiento de rails, interceptación de las vías, ataque á los trenes á mano armada, destrucción ó deterioro de los efectos destinados á la explotación y comunicaciones, y amenaza de cometer los anteriores delitos, á excepción de los dos primeros, cuando se trate de las provincias de Ultramar, posesiones de Africa y Oceanía, ó de territorio declarado en estado de guerra, ó al cual haya de aplicarse esta disposición previo acuerdo del Gobierno.

Art. 10. Para la aplicación de las disposiciones contenidas en este capítulo, se considerará como individuos del Ejército á los de los cuerpos de la Armada, cuando presten servicio de guarnición ó de plaza, ó formen parte de los Ejércitos de operaciones en campaña.

## CAPITULO III.

### *De la competencia de la jurisdicción de Guerra en materia civil.*

Art. 11. La jurisdicción de Guerra es competente para conocer en materia civil:

1º De la prevención de los juicios abintestato de los militares de todas clases, empleados y dependientes de Guerra.

La prevención se limitará á la práctica de las diligencias necesarias para disponer el entierro del cadáver, la formación de inventarios, seguridad de los bienes y la entrega de éstos á los que, dentro del cuarto grado civil, resulten herederos abintestato.

Cesará la intervención de las Autoridades militares, pasando las diligencias á la jurisdicción ordinaria, tan luego como los asuntos de abintestato adquieran carácter contencioso.

2º De los testamentos otorgados por militares pertenecientes á un Ejército en campaña ó en país extranjero, con arreglo á los artículos 716 al 721 del Código civil, entendiéndose reducida la competencia de la jurisdicción de Guerra á los límites que en dichos artículos se determinan. (1)

3º De las reclamaciones por deudas contra individuos del Ejército en campaña, ó contra las personas que lo sigan, aun cuando el demandante no sea militar.

4º De las responsabilidades civiles declaradas en sentencias firmes ó en providencias de sobreseimiento definitivo por los Tribunales ó Autoridades judiciales del Ejército, mientras el procedimiento se limite á la vía de apremio contra los sentenciados y sus bienes.

Si surgieren cuestiones que exijan declaración de derechos civiles, se someterá su resolución á los Tribunales

[1] Véase el apéndice.

del fuero común, suspendiendo, con relación á dichas cuestiones, todo procedimiento, el cual continuará después de resueltas.

## CAPITULO IV.

### *De la competencia de la jurisdicción administrativa de Guerra con relación á los Tribunales de justicia.*

Art. 12. Los Generales en Jefe de Ejército y los Capitanes generales de distrito, tienen, respecto á los diversos ramos de la administración de Guerra, las mismas facultades que las leyes generales conceden á los Gobernadores de provincia para promover competencias positivas ó negativas á las Autoridades judiciales por exceso de atribuciones, sin perjuicio de que éstas puedan ejercitar en su caso, por igual motivo, el recurso de queja establecido en el derecho común.

Las Autoridades militares en estos conflictos oirán á á sus Auditores, y si lo creyeran oportuno, á los Jefes de los diferentes servicios de los ramos de Guerra que les estén subordinados, procediendo después en la forma que crean más conveniente á los intereses que representan.

## CAPITULO V.

### *Casos en que los militares quedan sugetos á otras juridicciones*

Art. 13. Los militares y demás personas enumeradas en los artículos 5º, 6º y 10, serán juzgados por los Tribunales ordinarios en causas por delito de:

1º Atentado y desacato á las Autoridades no militares.

Para los efectos de esta disposición se entenderá cometido el delito contra la Autoridad de mayor representación en el acto ú ocasión de que se trate, entre las que hayan sido objeto del atentado ó desacato.

2º Falsificación de moneda y billetes de Banco.

3º Falsificación de firmas, sellos, marcas, efectos timbrados del Estado, cédulas de vecindad, despachos telegráficos y documentos públicos que no fuesen de los usados por los Jefes, Autoridades y dependencias del ejército.

4º Adulterio y estupro.

5º Injuria y calumnia, que no constituyan delito militar.

6º Infracción de las leyes de Aduanas, contribuciones y arbitrios ó rentas públicas, salvo el caso previsto en el número 10 del art. 7º y en el 302 de esta ley.

7º Por los delitos de imprenta, cuando no constituyan delito militar.

8º Por los cometidos con ocasión de aplicarse la ley de Reclutamiento y Reemplazo del Ejército hasta la entrega en Caja.

9º Por los cometidos por los militares en el ejercicio de las funciones propias de destino ó cargo público civil.

10. Por los delitos comunes cometidos durante la deserción.

11. Por los cometidos cuando el culpable no tuviera carácter militar.

12. Por las contravenciones á los reglamentos de policía y buen gobierno y por las faltas no penadas en las leyes y reglamentos militares, ó en los bandos de las Autoridades del Ejército.

Art. 14. Tampoco corresponde á la jurisdicción de Guerra juzgar á las personas enumeradas en los artículos 5º, 6º y 10:

1º En las causas reservadas á la jurisdicción del Senado.

2º En los juicios de residencia de las Autoridades militares de las provincias y posesiones de Ultramar.

3º Por los delitos cometidos á bordo de las embarcaciones, en los Arsenales del Estado ó en cualquier otro paraje á que por razón del lugar no se extienda la jurisdicción de Marina.

## CAPITULO VI.

### *De la preferencia entre las diversas jurisdicciones.*

Art. 15. Siempre que dos ó más juriscicciones se consideren competentes para conocer de una causa, tendrá preferencia, en primer término, la que sea competente por razón del delito, despues la que lo sea por razón del lugar en que se halla cometido, y por último, la que lo sea por razón de la persona responsable.

Para la aplicación de este artículo se considerará con preferente competencia la jurisdicción ordinaria, por razón del delito, sólo para conocer de las causas que se instruyan por los comprendidos en el art. 13, y la jurisdicción del Senado sólo con relación á los que privativamente le están atribuídos en núm. 1º del 14.

Art. 16. Si por delito no reservado especialmente á jurisdicción determinada se instruyese causa contra dos ó más personas sujetas á distinto fuero, y surgieren dudas para determinar la competencia, se observarán las reglas siguientes:

1ª La jurisdicción de Guerra conocerá de la causa contra todos los culpables, aunque el delito sea común, cuando se halla cometido en territorio declarado en estado de guerra, remitiendo las actuaciones á los Tribunales ordinarios correspondientes en cuanto cese aquel estado excepcional.

2ª La jurisdicción ordinaria conocerá de la causa contra todos los culpables, aunque el delito sea común y se halla cometido en territorio no declarado en estado de guerra.

3ª Cuando los culpables hubieren cometido un delito comun y otro militar, independientes entre sí, la jurisdicción ordinaria conocerá del primero, y la de Guerra del segundo, pudiendo ambas instruir desde luego las primeras diligencias.

4ª Cuando el delito esté comprendido en el Código ordinario y en el militar, pero tenga señalada en este último distinta pena que en el ordinario, conocerá de la causa la jurisdicción común y dictará sentencia, limitándose respecto á los aforados de Guerra á calificarlos y á definir su responsabilidad, y remitiendo testimonio de esta declaración á la Autoridad militar para que se aplique la pena por el Consejo de guerra correspondiente.

5ª Cuando se ejecute un solo hecho, constitutivo de dos ó más delitos, de que deban conocer jurisdicciones distintas, con arreglo á las disposiciones anteriores, será competente, para juzgarle la que, en su caso, habría de imponer la pena más grave.

Art. 17. La jurisdicción que conozca del delito principal conocerá tambien de los conexos.

Se consideran delitos conexos:

1º Los cometidos simultáneamente por dos ó más personas reunidas.

2º Los cometidos por dos ó más personas en distintos lugares ó tiempos, si hubiese precedido concierto para ello.

3º Los cometidos como medio para perpetrar otro, ó facilitar su ejecución.

4º Los cometidos para procurar la impunidad de otros delitos ó la aplicación de pena menos grave.

5º Los diversos delitos que se imputen á un procesado al incoarse contra el mismo, causa por cualquiera de ellos, si tuviesen analogía entre sí á juicio del Tribunal y no hubiesen sido hasta entonces objeto de procedimiento.

Art. 18. La jurisdicción que conozca de la causa principal conocerá asímismo de todas sus incidencias.

En este concepto, conocerá la jurisdicción de Guerra de los delitos de falsedad y revelación del secreto del sumario en los procedimientos militares, desobediencia á los llamamientos judiciales y cualesquiera otros que se cometan como derivación ó consecuencia de dichos procedimientos.

Art. 19. En los casos en que deban conocer distintas jurisdicciones de delitos imputados á un mismo individuo, tendrá preferencia para seguir el procedimiento hasta su terminación por sentencia la que haya de aplicar la pena más grave, debiendo esperar las demás el oportuno testimonio de condena.

## CAPITULO VII.

### *Disposiciones generales en materia de competencia.*

Art. 20. Si por hallarse el Ejército en campaña ó declarado en estado de guerra una parte ó todo el territorio nacional, ó por efecto de movilización extraordinaria, son llamados á las armas los individuos del Ejército á quienes la jurisdicción común está siguiendo causa criminal que todavía no se encuentre en el período de acusación, se continuará y terminará por la jurisdicción de Guerra, siempre que el reo esté en libertad durante la sustanciación de la causa.

Al efecto, la jurisdicción común remitirá á la Autoridad militar los autos originales, ó el oportuno testimonio, si en el procedimiento estuvieren complicadas personas extrañas al Ejército.

Art. 21. Las causas que la jurisciccióm ordinaria instruya contra individuos de las clases de tropa en expectación de embarque para Ultramar, pasarán á los Tribunales militares para su continuación, si en el procedimiento no estuvieren complicadas personas extrañas al Ejército cuando se disponga la concentración para embarcar, siempre que con relación al delito y al reo concurran las circunstancias consignadas en el artículo anterior.

Art. 22. Los delitos cometidos por militares ó previstos especialmente en esta Ley en los que no concurran las circunstancias marcadas en el artículo 173, serán penados con sujeción al Código común y reglas establecidas en el mismo.

Los alumnos de las Academias militares que no tengan empleo de Oficial, solo serán juzgados con arreglo á las leyes penales del Ejército, en los casos en que, estando en ellas comprendido el hecho punible, no pueda castigarse como delito común, conforme al Código ordinario, ó como infracción de la disciplina escolar, según los reglamentos.

Las personas extrañas al Ejército, los individuos de las clases de tropa pertenecientes á las reservas y los del Ejército de Ultramar en expectación de embarque cuando estén respectivamente sometidos á la jurisdicción de Guerra, serán juzgados con arreglo al Código ordinario si el delito está previsto en él, y con sujeción á la Ley penal militar en otro caso.

Para los efectos de esta disposición no se considerará extraños al Ejército á los prisioneros de guerra.

## CAPITULO VIII.

### *De las cuestiones de competencia.*

Art. 23. En la Península, islas adyacentes y posesiones españolas en Africa, las competencias de la jurisdicción de Guerra se decidirán:

Por el Tribunal Supremo, cuando en el orden judicial contienda con jurisdicciones extrañas. En este caso asistirá á la Sala que resuelva la competencia un Consejero togado del Ejército ó la Marina, según la naturaleza del asunto.

Por Real Decreto, á consulta del Consejo de Estado cuando contienda con la Administración.

Por el Consejo Supremo de Guerra y Marina, cuando contienda con la jurisdicción eclesiástica castrense, y cuando se susciten dentro de la jurisdicción de Guerra, de la de Marina ó entre una y otra.

En Ultramar, la decisión de compentencias de Jueces ó Tribunales militares con jurisdicciones extrañas, corresponde á las Salas de lo civil de las Audiencias respectivas, asistidas del Auditor que no sostenga la competencia, ó al Tribunal que en lo sucesivo se establezca.

Las que se susciten entre las jurisdicciones de Guerra y Marina, se someterán á un Tribunal que se formará al efecto, compuesto del Capitán general respectivo, Presidente, Comandante general del Apostadero, ó, en su defecto, la Autoridad más caracterizada de Marina, el Fiscal de la Audiencia y los Auditores de Guerra y Marina. El Auditor más moderno actuará como Vocal Secretario.

## TITULO II.

### DEL EJERCICIO DE LA JURISDICCIÓN DE GUERRA.

### CAPITULO UNICO.

*Autoridades y Tribunales que ejercen la jurisdicción de Guerra.*

Art. 24. Ejercen la jurisdicción de Guerra:

1º Los Capitanes generales de distrito.

2º Los Generales en Jefe de Ejército.

3º Los Generales y Jefes Comandantes de tropa con mando independiente.

4º Los Gobernadores de plazas ó fortalezas sitiadas ó bloqueadas y Comandantes de tropa ó puesto, aislados de la Autoridad judicial respectiva.

5º El Consejo de guerra ordinario.

6º El Consejo de guerra de oficiales generales.
7º El Consejo Supremo de Guerra y Marina.

Art. 25. El Gobierno, oyendo al Consejo Supremo de Guerra y Marina, podrá atribuir jurisdicción total ó parcial á otras Autoridades del Ejército.

Art. 26. Las autoridades que ejercen jurisdicción resolverán los asuntos de justicia, previo dictamen del Auditor de Guerra.

Si no estuvieren conformes con el mismo, consultarán la decisión que corresponda al Consejo Supremo de Guerra y Marina.

## TITULO III.

### Atribuciones judiciales de las Autoridades que ejercen jurisdicción.

### CAPITULO PRIMERO.

*Atribuciones judiciales de los Capitanes generales de distrito.*

Art. 27. Los Capitanes generales de distrito ejercen la jurisdicción de Guerra en el territorio y fuerzas de su mando, incluso las de la Casa Real.

Art. 28. Corresponde al Capitán general de distrito:

1º Ordenar la formación de causas contra militares de todas clases, empleados y dependientes del ramo de guerra y demás personas sometidas á su jurisdicción, cuando no las hubieren mandado instruir las Autoridades ó Jefes facultados al efecto.

2º Nombrar los Jueces instructores y Secretarios para las causas de la competencia del Consejo de Guerra de Oficiales generales; confirmar los nombramientos que hicieren para dichas causas las Autoridades ó Jefes que las hubieren prevenido, y designar los fiscales militares y asesores en los casos que proceda.

3º Dirigir los procedimientos judiciales y resolver las dudas, reclamaciones y recursos que en los mismos se susciten ó promuevan.

4º Acordar inhibiciones, aceptar competencias y promoverlas con arreglo á las disposiciones contenidas en esta Ley.

5º Decretar el sobreseimiento ó la elevación á plenario de las sumarias.

6º Disponer la renión del Consejo de Guerra de Oficiales generales y nombrar el Presidente y Vocales que deben componerlo.

7º Resolver sobre las incompatibilidades, exenciones y excusas de los nombrados para intervenir en los actos judiciales y acerca de las recusaciones que contra los mismos se promuevan.

8º Aprobar las sentencias del Consejo de guerra ordinario en que no se imponga la pena capital, ó alguna de las perpétuas.

9º Aprobar las sentencias del Consejo de guerra de oficiales generales en que no se imponga la pena capital, la de pérdida de empleo, la de separación del servicio ó cualquiera otra que lleve consigo estas dos últimas.

10. Aprobar las sentencias de los Consejos de guerra ordinario y de oficiales generales, cualquiera que sea la pena impuesta, siempre que se trate de los delitos de traición, espionaje, rebelión, conspiración para la rebelión, sedición, negligencia, en actos del servicio, abandono del mismo, cobardía, insulto á superiores, desobediencia y secuestro.

11. Elevar al Consejo Supremo las causas cuyas sentencias no le corresponda aprobar, y las que no hubiesen obtenido su aprobación por desacuerdo con el Consejo de guerra ó con el Auditor.

12. Remitir al Consejo Supremo testimonio del resumen hecho por el Juez instructor del informe ó acusación fiscal, opinión escrita del Asesor, cuando la hubiere, defensa ó defensas, sentencia, dictamen del Auditor y decreto subsiguiente en las causas cuyo fallo apruebe, y testimonio también del decreto que dicte y de los dictámenes en que se funde acerca de los sobreseimientos é inhibiciones que acuerde.

13. Llevar á ejecución las sentencias firmes, previos los trámites que procedan, según los casos.

14. Decrerar el cumplimiento de los exhortos que recibiere de otras Autoridades judiciales.

15. Ejercer la jurisdicción disciplinaria sobre todos los que intervengan en la administración de justicia y le estén subordinados, dejando íntegra la que corresponda á

la Superioridad en los negocios que hayan de elevarse á su conocimiento.

16. Aplicar los indultos generales y amnistías que se dicten por el Ministerio de la Guerra, á los que hubiesen sido juzgados y sentenciados ejecutoriamente por los Tribunales dependientes de su jurisdicción, é informar sobre las peticiones de indulto especial de los mismos.

17. Hacer las visitas de cárceles en la forma y períodos que corresponda.

18. Encomendar á las Autoridades y Jefes militares dependientes de su jurisdicción, las comisiones y práctica de diligencias que exija la administración de justicia.

Art. 29. Los Capitanes generales de Ultramar, tendrán además las atribuciones siguientes:

1ª Delegar su jurisdicción total ó parcialmente en los Comandantes generales á ellos subordinados, dando cuenta al Gobierno.

2ª Presidir el Tribunal llamado á resolver las competencias que en el territorio de su mando se promuevan entre las jurisdicciones de Guerra y Marina.

3ª Aprobar las sentencias de los Consejos de Guerra ordinarios y de oficiales generales, cualquiera que sea la pena impuesta, siempre que se trate de los delitos de robo en despoblado, siendo cualquiera el número de la cuadrilla, ó en poblado, siendo en cuadrilla de cuatro ó más, secuestro, incendio en despoblado, amenaza de cometer los anteriores delitos, ya sea exigiendo una cantidad, ya imponiendo cualquiera otra condición constitutiva de delito grave previsto en el Código penal ordinario, y cualesquiera otros que afecten gravemente á la seguridad de cosas y personas ó á los intereses generales de la Nación y del Ejército.

## CAPITULO II.

### *Atribuciones judiciales de los Generales en Jefe de Ejército.*

Art. 30. El General en Jefe de Ejército en campaña ejerce la jurisdicción de Guerra en las fuerzas de su mando, en las personas de cualquiera clase que sigan al Ejército, y en las que cometan delito ó falta previstos en los bandos que dicte.

Art. 31. Corresponden al General en Jefe de Ejército en campaña las mismas atribuciones judiciales asignadas á los Capitanes generales de distrito, y ademas las siguientes:

1ª Delegar su jurisdicción total ó parcialmente en los Capitanes generales de los distritos en que opere el ejército de su mando, y en los Generales Comandantes de cuerpo de Ejército, división ó brigada.

2ª Asumir total ó parcialmente la jurisdicción de los Capitanes generales de los distritos comprendidos en el territorio en que opere el Ejército de su mando.

Art. 32. Si el Ejército fuese sólo prevenido ó de ocupación, las atribuciones judiciales del General en Jefe se limitarán á la fuerza de su mando.

## CAPITULO III.

### *Atribuciones judiciales de los Generales y Jefes Comandantes de tropa con mando independiente.*

Art. 33. Los Generales Comandantes de cuerpo de Ejército, división ó brigada y Jefes de tropa con mando independiente en campaña, tendrán en las fuerzas de su mando la misma jurisdicción que el General en Jefe.

No podrán, sin embargo, asumirla de los Capitanes generales de los distritos en que estuviesen operando, á no haber sido expresamente autorizados al efecto.

Art. 34. Si el cuerpo de Ejército, la división ó brigada fuesen sólo prevenidos ó de ocupación, los Generales Comandantes de los mismos tendrán en las fuerzas de su mando igual jurisdicción que los Capitanes generales de distrito.

## CAPITULO IV.

### *Atribuciones judiciales de los Gobernadores de plazas ó fortalezas sitiadas ó bloqueadas, y Comandantes de tropa ó puestos aislados de la Autoridad judicial respectiva.*

Art. 35. Los Gobernadores de plazas ó fortalezas sitiadas ó bloqueadas ejercerán en ellas y su zona polémica la misma jurisdicción que los Generales en Jefe de Ejército.

Además podrán hacer ejecutorios sus acuerdos en los casos previstos en el art. 28, número 10, aunque no estén conformes con el dictamen del Auditor de Guerra y sin necesidad de él, si no hubiese funcionario que pudiese emitirlo.

Art. 36. La misma jurisdicción que los Gobernadores de plaza ó fortalezas sitiadas ó bloqueadas ejercerán los que manden cuerpo de Ejército, división, brigada, columna ó puesto al frente del enemigo en situación aislada y con las comunicaciones interrumpidas, y los Gobernadores ó Comandantes militares de islas ó puntos que se hallen separados marítimamente de los centros jurisdiccionales ordinarios, con los que no exista comunicación oficial por lo menos una vez á la semana, ó la tengan interrumpida por cualquier causa.

### DISPOSICIÓN GENERAL Á LOS CAPÍTULOS ANTERIORES.

Art. 37. Los Generales con mando de tropas, las Autoridades militares que no ejercen jurisdicción, los Comandantes militares y de armas, los Jefes de Cuerpo ó de establecimientos pertenecientes al Ejército, y todo Oficial que mande fuerzas destacadas, deberán prevenir la formación de causas por delitos de la competencia de la jurisdicción de Guerra que se cometan en la circunscripción ó fuerzas de su respectiva autoridad ó mando, y dar inmediato conocimiento á la Autoridad judicial de quien dependan.

## CAPITULO V.

### *De los Auditores de guerra y demás funcionarios del Cuerpo Jurídico militar.*

Art. 38. En las Capitanías generales de distrito, Ejércitos en campaña, prevenidos ó de ocupación, cuerpo de Ejército, divisiones ó brigadas, plazas de guerra y Gobiernos militares, habrá los Auditores y demás funcionarios del Cuerpo Jurídico militar que exijan las atenciones del servicio, según las atribuciones judiciales de las Autoridades ó Jefes militares respectivos.

Art. 39. Corresponde á los Auditores emitir juicio en todos los casos de interpretación ó aplicación de las leyes, é intervenir, proponiendo la resolución que corresponda, en cuantos procedimientos judiciales se instruyan é incidencias de los mismos se susciten en el Ejército ó distrito en que tengan su destino.

Art. 40. Los Tenientes Auditores ejercen funciones fiscales en las causas en que se persigan delitos que no tengan carácter militar cometidos por individuos del Ejército, de la Armada ó por personas extrañas á quienes deban aplicarse las leyes comunes.

Tienen también funciones fiscales en las cuestiones de competencia que se promuevan entre la jurisdicción de Guerra y otra jurisdicciones.

En tal concepto les corresponde defender la integridad de aquélla, con arreglo á las leyes.

## TITULO IV.

### ORGANIZACIÓN Y ATRIBUCIONES DE LOS CONSEJOS DE GUERRA.

### CAPITULO PRIMERO.

*Del Consejo de guerra ordinario.*

Art. 41. El Consejo de guerra ordinario puede ser:

De plaza y

De cuerpo.

Uno y otro se compondrán:

De un Presidente de las clases de Coronel ó Teniente Coronel.

De seis Vocales de la clase de Capitán.

Asistirá también un Asesor del Cuerpo Jurídico militar cuando no desempeñe las funciones fiscales otro individuo del mismo Cuerpo y el delito tenga señalada pena superior á prisión militar correccional.

Cuando en una misma causa se persigan delitos militares y comunes, asistirá siempre Asesor del Cuerpo Jurídico del Ejército.

## Sección primera.

*Del Consejo de guerra de plaza.*

Art. 42. El Presidente y los Vocales del Consejo de Guerra de plaza, serán nombrados por el Gobernador de la plaza ó por el Jefe con mando de las Armas del punto en que deba celebrarse, designándolos por turno entre los oficiales de las respectivas clases que tengan á sus órdenes.

Art. 43. Cuando en el punto en que deba celebrarse el Consejo de guerra de plaza no hubiese Coronel ó Teniente Coronel que desempeñe el cargo de Presidente, lo presidirá el Jefe encargado de hacer el nombramiento, siempre que tuviese cualquiera de dichos empleos.

No siendo así, recurrirá á la Autoridad judicial de quien dependa, á fin de que nombre quien lo presida ó disponga la celebración del Consejo en otra localicad.

Art. 44. El Consejo de guerra de plaza conoce:

1º De todas las causas por delitos que cometan individuos de las clases de tropa, á excepción de las que el artículo 48 reserva al conocimiento del Consejo de guera de cuerpo.

2º De las que se sigan contra personas extrañas al Ejército que deban ser juzgadas por la jurisdicción de Guerra, fuera de los casos en que corresponda el conocimiento al Consejo de guerra de Oficiales generales ó al Supremo de Guerra y Marina.

## Sección segunda.

*Del Consejo de guerra de cuerpo.*

Art. 45. El Consejo de guerra de cuerpo será presidido, prévia autorización y señalamiento de día del Gobernador de la plaza, por el Jefe del Cuerpo á que pertenezca el acusado, siempre que tenga el empleo de Coronel ó Teniente coronel ó por el que en su lugar mande las fuerzas segregadas del mismo en el punto en que haya de celebrarse, si tuviere cualquiera de dichos empleos.

Cuando no pudiese presidir ninguno de los referidos Jefes, se hará el nombramiento por el turno establecido para la presidencia del Consejo de Guerra de plaza.

Art. 46. Cuatro de los Vocales del Consejo de guerra del cuerpo serán Capitanes del cuerpo del acusado, nombrados por el Jefe del mismo, y dos de cuerpos extraños nombrados por el Gobernador Militar; unos y otros según los respectivos turnos.

Cuando no hubiere bastantes Capitanes del cuerpo del acusado, se suplirán los que falten con los necesarios de la guarnición nombrados por el Gobernador militar, según el turno correspondiente, entendiéndose que no podrá constituirse el Consejo sin que asistan por lo menos dos Vocales del cuerpo cuando haya este número en el distrito.

Cuando faltasen Vocales extraños, se constituirá el Consejo con seis Capitanes del cuerpo del acusado.

Art. 47. En los Consejos de guerra de los cuerpos de escala cerrada, solo se atenderá para la asistencia, turno y orden de preferencia de asiento, al empleo efectivo de Capitán obtenido en dichos cuerpos, cualquiera que sea el personal de que además disfruten los Vocales.

Art. 48. El Consejo de guerra de cuerpo conoce de las causas contra individuos de las clases de tropa que estén incorporados á un cuerpo por delitos que no se refieran al servicio de plaza ni se ejecuten en participación con otros individuos no militares, ó no pertenecientes todos al propio cuerpo.

### DISPOSICIÓN GENERAL Á LAS DOS SECCIONES ANTERIORES

Art. 49. El Consejo de guerra ordinario se celebrará en el punto donde se siga la causa.

Cuando la necesidad ó la conveniencia del servicio lo exijan, la Autoridad judicial podrá disponer que se celebre en distinto punto, siempre que sea dentro de la circunscripción de su mando.

## CAPITULO II.

### *Del Consejo de guerra de Oficiales generales.*

Art. 50. El Consejo de guerra de Oficiales generales se compondrá:

De un Presidente.

De seis Vocales, uno y otros oficiales generales.

Presidirá el Consejo el Oficial general más caracterizado y más antiguo de los llamados á formarlo en cada caso.

El Presidente, siempre que sea posible, será de mayor categoría que los Vocales.

Asistirá también un Asesor, Teniente Auditor del Cuerpo Jurídico militar, en los casos determinados en el artículo 41.

Art. 51. El Presidente y los Vocales del Consejo de guerra de Oficiales generales, serán nombrados por la Autoridad judicial superior en los respectivos casos, por turno entre los Oficiales generales que tengan su residencia en la del cuartel general ó capital del distrito.

Art. 52. Cuando en la residencia del cuartel general ó capital del distrito ó circunscripción no hubiere número suficiente de Vocales, se recurrirá á los que residan en otros puntos de la jurisdicción de la misma Autoridad, y si tampoco bastasen ó no fuera conveniente alejarlos de su destino, serán llamados á formar el Consejo por orden de antigüedad, Coroneles, y en su defecto Teniente Coroneles, unos y otros efectivos.

En ningún caso se dejará de nombrar á dos Jefes de superior categoría á la del más caracterizado de los acusados ó de mayor antigüedad en igualdad de empleos.

Art. 53. El Consejo de guerra de Oficiales generales conoce de las causas no reservadas al Supremo de guerra y Marina instruídas:

1º Contra los Oficiales del Ejército y sus asimilados.

2º Contra los retirados de estas clases que no hubiesen sido separados del servicio por virtud de procedimiento judicial ó gubernativo.

3º Contra individuos de las clases de tropa que tengan grado de Oficial ó la Cruz de San Fernando.

4º Contra Senadores y Diputados á Córtes, funcionarios del orden judicial y Ministerio fiscal, así de la jurisdicción ordinaria como de las especiales, y demás funcionarios administrativos que ejerzan autoridad.

Art. 54. El Consejo de guerra de oficiales generales se celebrará en la residencia del cuartel general, capital del distrito ó circunscripción.

Si no fuere posible, la Autoridad judicial designará el punto en que haya de celebrarse, dentro del territorio de su mando.

## CAPITULO III.

*Disposiciones comunes á todos los Consejos de guerra.*

### Sección primera

REGLAS GENERALES PARA LA CELEBRACIÓN DE LOS CONSEJOS DE GUERRA.

Art. 55. Además del número de Vocales necesarios para constituir los Consejos de guerra, se nombrarán dos suplentes, siempre que sea posible.

Art. 56. Cuando alguno de los procesados perteneciese á los Cuerpos auxiliares del Ejército, dos de los Vocales del Consejo deberán ser del mismo Cuerpo auxiliar, si los hubiere de la graduación militar correspondiente, ó uno, en caso de no haber más.

Siendo varios los procesados, y de distintos Cuerpos auxiliares, cada uno de los dos Vocales deberá ser del Cuerpo respectivo á que pertenezcan los dos acusados de superior empleo.

No habiendo los que se requieran para el caso, se nombrarán los dos de un solo Cuerpo auxiliar, y á falta de todos, se organizará el Consejo prescindiendo de Vocales de dicha clase.

Art. 57. Los individuos de la Armada que sean sometidos á la jurisdicción de Guerra, se considerarán equiparados á los del Ejército por razón de sus empleos y condiciones, en cuanto al señalamiento del Tribunal que haya de juzgarles.

Igual precepto se observará con relación á los prisioneros de guerra de ejércitos extraños que hayan de ser juzgados por los Tribunales militares.

Art. 58. Para el nombramiento de Presidente y Vocales de los Consejos de guerra, se llevarán en el Estado Mayor de los Ejércitos, en las Capitanías generales de los distritos, en los Gobiernos de las plazas y en los Cuerpos, lista de los individuos pertenecientes á las diversas clases llamadas á prestar dicho servicio, designándose por orden de antigüedad los que fueren necesarios en cada caso.

No volverá el turno á los que ya hubiesen cumplido con dicho servicio mientras haya algún individuo sin haberlo prestado.

Art. 59. Si dentro del territorio donde haya de celebrarse el Consejo de guerra no se pudiera disponer de los Vocales necesarios que reunan las condiciones señaladas para cada caso, se recurrirá á los de iguales empleos de la Armada residentes en la localidad, y en defecto de éstos, se pedirán los que falten al Ejército o distrito más inmediato ó de más fácil comunicación.

Lo mismo se observará respecto á los Asesores cuando éstos deban asistir al Consejo de guerra. En Ultramar podrán los Capitanes generales prescindir del nombramiento de dichos Asesores cuando falte personal del Cuerpo Jurídico militar para este servicio.

Art. 60. Están obligados á constituir los Consejos de guerra todos los oficiales de las respectivas clases que se encuentren en servicio activo, aunque sea en situación de reemplazo ó cuartel, exceptuándose únicamente los que tengan alguna causa de incompatibilidad ó exención.

En igualdad de empleos, serán preferidos los que se hallen colocados.

### Sección segunda

#### De los consejos de guerra en las plazas ó fortalezas sitiadas ó bloqueadas.

Art. 61. En las plazas ó fortalezas sitiadas ó blaqueadas, cuando falte Coronel ó Teniente Coronel para presidir el Consejo de guerra ordinario, lo presidirá el oficial á quien corresponda la sucesión de mando, cualquiera que sea su graduación.

El de Oficiales generales será presidido por el más caracterizado y más antiguo de los llamados á formarlo.

Art. 62. Los Vocales de los Consejos de guerra en las plazas sitiadas ó bloqueadas serán nombrados, en lo aplicable, con arreglo á los mismos turnos y los propios preceptos que en los Ejércitos, distritos y circunscripciones.

Art. 63. Cuando se trate de los delitos de traición,

espionaje, rebelión, conspiración para la rebelión, sedición, negligencia en actos del servicio, abandono del mismo, cobardía, insulto á superiores, desobediencia, destrucción de comunicaciones, secuestro, robo en cuadrilla, inutilización de provisiones de boca ó guerra, adulteración de víveres y otros que comprometan la seguridad de la plaza ó perjudiquen su mejor defensa, y en aquella no hubiere número bastante de Oficiales de las respectivas clases para ser Vocales de los Consejos de guerra, podrán constituirse éstos con el Presidente y cuatro ó dos Vocales.

Si tampoco los hubiere del empleo correspondiente, se completará el número con oficiales de graduaciones inferiores, dándose la preferencia á los más caracterizados y más antiguos.

Cuando no haya individuos del Cuerpo Jurídico militar para asistir como Asesores en los casos en que proceda á los Consejos de guerra, nombrará el Gobernador un letrado, prefiriendo á los del Cuerpo Jurídico de la Armada y á los funcionarios de justicia del orden civil, y á falta de todos, el Consejo se celebrará sin asistencia de Asesor.

Art. 64. En las causas seguidas por delitos no comprendidos en el artículo anterior, si no hubiese número suficiente de Vocales para constituir el Consejo de guerra respectivo y faltase Asesor, se suspenderá la celebración del mismo hasta que las circunstancias permitan que se verifique según las reglas generales.

## TITULO V.

### ORGANIZACIÓN Y ATRIBUCIONES DEL CONSEJO SUPREMO DE GUERRA Y MARINA.

### CAPITULO PRIMERO.

*De la organización del Consejo.*

Art. 65. El Consejo Supremo de Guerra y Marina ejercerá la suprema jurisdicción en el Ejército y la Armada, además de las funciones consultiva que las leyes ó reglamentos le señalen.

Art. 66. El Consejo depende del Ministerio de la Guerra.

En cuanto á su organización y atribuciones es común á las jurisdicciones de Guerra y Marina lo establecido en esta Ley.

Art. 67. El Consejo se compone de un Presidente, 14 Consejeros y 2 Fiscales.

El Presidente será Capitán General de Ejército ó Teniente General.

Un Consejero, Teniente General.

Un Vicealmirante.

Seis Generales de División.

Dos Contraalmirantes.

Tres Togados del Cuerpo Jurídico militar.

Un Togado del Cuerpo Jurídico de la Armada.

Un Fiscal militar, General de División.

Un Fiscal Togado del Cuerpo Jurídico militar.

El Gobierno, en vista de las necesidades del servicio, podrá nombrar en casos especiales para la plaza de Vicealmirante un Contraalmirante, y para una de General de División, un Teniente General.

Para una de las dos plazas de Consejeros asignados á los Contraalmirantes, podrá significar el Ministerio de Marina, cuando lo considere conveniente al servicio, uno de los Generales de igual categoría de los demás Cuerpos militares de la Armada.

La falta de número indispensable de Consejeros de la clase de Generales para formar las Salas, se suplirá con los Tenientes Generales y Generales de División que se hallen en turno para constituir los Consejos de guerra. La de Consejeros Togados del Ejército se suplirá por el Auditor general de Castilla la Nueva, y la de Consejero Togado procedente de Marina por el Asesor general del Ministerio del ramo.

Art. 68. Será Secretario del Consejo un General de Brigada, proveyéndose una de cada cuatro vacantes en un Oficial general de la Armada de la misma categoría.

Art. 69. A las órdenes de los Fiscales respectivos, y para desempeñar los trabajos de las Fiscalías, habrá en cada una un Teniente fiscal primero y tres Tenientes fiscales segundos.

Art. 70. El primer Teniente fiscal militar será General de Brigada, y el primer Teniente fiscal Togado, Auditor general de Ejército.

Dos segundos Tenientes fiscales militares pertenecerán á la clase de Coroneles de Ejército, y otro á la de Capitán de navío.

Dos segundos Tenientes fiscales Togados serán Auditores de Guerra de distrito, y otro de la misma categoría, del Cuerpo Jurídico de la Armada.

Art. 71. Para los negocios de justicia tendrá el Consejo dos Secretarios Relatores, Tenientes Auditores de Guerra de primera, segunda ó tercera clase, y uno de las mismas categorías del Cuerpo Jurídico de la Armada.

Art. 72. La organización de la Secretaría y del Archivo se determinará por el Reglamento del Consejo.

Art. 73. El Consejo se entenderá con el Ministerio de Marina en los asuntos propios de esre ramo.

Art. 74. Los nombramientos de los Consejeros y de los demás funcionarios dependientes del Consejo se harán por el Ministerio de la Guerra.

Para la provisión de las plazas correspondientes á la Armada precederá la significación oportuna del Ministerio de Marina.

Art. 75. El tratamiento del Consejo es impersonal.

Art. 76. El Presidente, los Consejeros, los Fiscales, los Tenientes fiscales primeros y el Secretario, serán nombrados por Real Decreto, en el que se expresarán las condiciones de aptitud legal del elegido.

El Consejo, antes de dar posesión á los nombrados, examinará si reunen las condiciones necesarias.

En caso negativo ó de ocurrir alguna duda, suspenderá la posesión dando cuenta al Gobierno.

Art. 77. El Presidente, los Consejeros, los Fiscales, Tenientes fiscales primero y el Secretario, antes de tomar posesión de sus respectivos cargos, prestarán juramento ante el Consejo Pleno, en la forma que el reglamento determine.

Los Tenientes fiscales segundos, Secretarios Relatores, Oficial mayor de la Secretaría y Archivero, lo prestarán ante el Presidente del Consejo.

## CAPITULO II.

*De la constitución del Consejo en Pleno, Reunido y Salas.*

Art. 78. El Consejo conocerá de los asuntos de su compentencia, constituyéndose en Pleno, en Reunido y en Salas separadas, que se denominarán de Justicia y de Gobierno.

Art. 79. Todos los días, á excepción de los de fiesta religiosa ó nacional, se reunirá el Consejo. Sus sesiones durarán cuatro horas por lo menos, habiendo asuntos de que tratar.

### Sección primera

*Del Consejo Pleno.*

Art. 80. Componen el Consejo Pleno los Consejeros y Fiscales.

Ordinariamente se reunirá una vez á la semana.

Art. 81. No podrá constituirse el Consejo Pleno sin la asistencia de ocho Consejeros por lo menos, uno necesariamente Togado.

Art. 82. Corresponde al Consejo Pleno:

1º Evacuar los informes en que así se prevenga de Real orden.

2º Informar en los negocios que el Presidente del Consejo, el Reunido ó la Sala de Gobierno estimen que por su importancia deban ser de su conocimiento.

3º Proponer al Gobierno las reformas que convenga introducir y las instrucciones que se deban circular para la más recta administración de justicia de Guerra ó de Marina.

4º Hacer las propuestas para el nombramiento de los funcionarios y subalternos del Consejo en los casos en que aquéllas correspondan.

5º Recibir el juramento al Presidente, Consejeros, Fiscales, Tenientes fiscales primeros y Secretario.

6º Conocer de los asuntos que sean de interés general del Consejo y de los demás que por otras leyes ó disposiciones especiales se le encomienden.

## Sección segunda.

### *Del Consejo Reunido.*

Art. 83. Componen el Consejo Reunido los Consejeros sin los Fiscales.

En los días que no tenga lugar el Pleno, empezarán por la celebración del Reunido las sesiones del Consejo.

Terminados los asuntos de su competencia ó á falta de ellos, se formarán las Salas separadas.

Art. 84. El Consejo Reunido funciona como Cuerpo consultivo y como Tribunal de justicia.

En ambos conceptos deberán constituirlo ocho Consejeros por lo menos, uno necesariamente Togado, en el primer caso, y dos Togados en el segundo.

Art. 85. Como Cuerpo consultivo conoce el Consejo Reunido de los expedientes que, no siendo de la competencia del Pleno, sometan á su decisión el Presidente del Consejo ó la Sala de gobierno, y de los que halla de informar ó resolver con arreglo á otras leyes y disposiciones especiales.

Art. 86. Constituído en Sala de justicia, conoce el Consejo Reunido de las causas que, siendo de la competencia del Consejo Supremo, se hubiesen formado:

1º Por delitos de lesa majestad.

2º Por los de traición cometidos por algun Jefe militar al frente de fuerza armada.

3º Por los que de igual modo se cometan contra las Cortes, el Consejo de Ministros ó la forma de Gobierno.

4º Por hechos de armas.

5º Por la rendición de una plaza, fortaleza, puesto militar, buque del Estado ó fuerza armada.

Conocerá además en única instancia de las causas instruídas:

1º Por delitos que cometan:

Los Ministros de la Corona que pertenezcan al Ejército ó la Armada.

Los Capitanes Generales de Ejército y Almirantes.

Los Presidentes, Consejeros y Fiscales que sean ó hayan sido del mismo Consejo.

Los Inspectores generales de las armas é institutos.

2.° Por delitos que cometan durante el desempeño de sus cargos las Autoridades de Guerra y Marina que ejerzan jurisdicción.

3º Por delitos que cometan los Presidentes y Vocales de los Consejos de guerra de Oficiales generales, relatívos al ejercicio de sus funciones judiciales.

4º Por delitos propios de la jurisdicción de Guerra, que cometan:

Las personas de la familia Real, los Cardenales, Arzobispos, Obispos y Auditores de la Rota.

Los Presidentes del Senado y del Congreso de los Diputados.

Los Ministros de la Corona que no pertenezcan al Ejércita ó Armada, Consejeros de Estado Embajadores, Ministros Plenipotenciarios, Presidentes y Magistrados, Ministros y Fiscales del Tribunal Supremo y de los de Cuentas y Ordenes militares y del de lo Contencioso.

Art. 87. Es también de la competencia del Consejo Reunido, constituído en la Sala de justicia:

1º Conocer de los recursos de revisión contra las sentencias firmes.

2º Decidir las competencias de jurisdicción que se susciten entre los Tribunales de Guerra y los de Marina, á excepción de las que se promuevan en las provincias de Ultramar.

3º Aplicar las amnistías é indultos generales, é informar sobre las peticiones de indulto ó conmutación de pena, respecto de las personas contra quienes hubiera dictado sentencia condenatoria.

## Sección tercera.

### *De la Sala de justicia.*

Art. 88. La Sala de justicia se compondrá de siete Consejeros cuando haya de resolver sobre fallos dictados por Consejos de guerra y exigir la responsabilidad judicial.

Cuando acuerde sobre los demás asuntos de su competencia, bastará que la constituyan cinco Consejeros.

En el primer caso, dos por lo menos serán siempre Togados, bastando para constituir la Sala en el segundo la asistencia de uno, que será del Ejército ó de la Armada, según el ramo á que el asunto corresponde.

Para conocer de los negocios procedentes de los Tribunales de Marina, deberan formar parte de la Sala los Consejeros generales y el Togado de la Armada.

Para conocer de los negocios procedentes de los Tribunales de guerra, tres Consejeros serán Generales de Ejército, y un Togado de la misma procedencia.

En ambos casos se completará el número con los más antiguos de las otras clases que la componen ordinariamente.

Art. 89. Formarán la Sala de justicia los cuatros Consejeros Togados y uno de los llamados por la ley á suplir la falta de los de la misma clase, para conocer en segunda instancia de los negocios de carácter civil que se promuevan en las plazas españolas de Africa.

Art. 90. El Presidente del Consejo designará al principio de cada año judicial los Consejeros que hayan de formar la Sala de justicia durante el mismo, los cuales, en caso necesario, serán sustituidos por turno riguroso entre los demás Consejeros.

Art. 91. El día 5 de Septiembre de cada año, ó el siguiente hábil, comenzará el año judicial.

Art. 92. Corresponde á la Sala de justicia:

1º Conocer de las causas falladas por los Consejos de guerra en los casos que deban ser elevadas al Consejo Supremo, á excepción de las reservadas al Reunido, en el artículo 86.

2º Resolver los disensos en materia de justicia entre las Autoridades de Guerra ó Marina y sus Auditores.

3º Dirimir las competencias de jurisdicción entre los Tribunales de Guerra ó entre los de Marina, á excepción de las que se promuevan en Ultramar.

4º Decretar la formación de causa cuando en los asuntos de que conozca encuentre méritos para ello.

5º Exigir la responsabilidad judicial que corresponda en las causas cuyos fallos hayan sido ejecutorios por aprobación de las Autoridades competentes, y respecto de los sobreseimientos é inhibiciones que éstas hubieren acordado.

6º Conocer de las quejas que se promueban contra Tribunales ó Autoridades de Guerra ó Marina, por denegación de los recursos ú otras garantías que las leyes concedan.

7º Reclamar y examinar, cuando lo crea conveniente, las causas fenecidas, acordando lo que corresponda.

8º Aplicar en las causas que hubiere fallado, las amnistías é indultos generales.

9º Conocer de los recursos que eleven al Consejo las partes interesadas, sobre la aplicación que hubieren hecho de dichas gracias los Tribunales ó Autoridades inferiores.

10. Evacuar los informes que se pidan por el Gobierno, para la concesión de indultos particulares ó conmutaciones de pena.

11. Conocer de los demás negocios é incidencias judiciales que no sean de la especial competencia del Consejo Reunido.

Art. 93. La Sala de justicia conocerá también en única instancia:

1º De las causas que se instruyan por delitos comunes contra los Generales del Ejército y Armada, cuyo conocimiento no corresponda al Consejo Reunido.

2º De las instruídas contra el Secretario y Tenientes Fiscales del Consejo y los Auditores de Guerra y Marina, por todos los delitos que cometan durante el desempeño de sus cargos.

3º De las que se sigan contra los Presidentes y Vocales de los Consejos de guerra ordinarios por delitos relativos al ejercicio de sus funciones judiciales.

4º De las que se formen contra Jueces instructores, Fiscales y Asesores por delitos referentes al ejercicio de sus funciones, cualquiera que sea el arma ó Cuerpo á que dichos Fiscales pertenezcan.

5º De las que se incoen contra los empleados del mismo Consejo que sean de la clase de Oficial del Ejército ó Armada ó á sus asimilados por los delitos que cometan relativos al ejercicio de sus funciones.

### Sección cuarta.

### *De la Sala de Gobierno.*

Art. 94. La Sala de Gobierno se constituirá con los Consejeros que no asistan á la de Justicia, siempre que su número no baje de cinco.

Uno de ellos, por lo menos, será Togado.

Art. 95. Corresponde á la Sala de gobierno el conocimiento de todos los negocios que las leyes y los reglamentos atribuyan al Consejo y no sean de la competencia del Pleno, del Reunido ó de la Sala de justicia.

Art. 96. La Sala de gobierno podrá someter al Pleno ó al Reunido los asuntos que por su importancia entienda que deben ser de su respectivo conocimiento.

### Disposiciones comunes á las cuatro secciones anteriores.

Art. 97. El Consejo Pleno, el Reunido y cada una de las Salas separadas ejercen jurisdicción disciplinaria sobre todas las Autoridades y funcionarios que intervengan en los asuntos de su respectivo conocimiento.

Art. 98. La Presidencia del Pleno, del Reunido, y de cada una de las Salas, cuando no asista á aquéllos ó á éstas el Presidente del Consejo, corresponderá, entre los que los formen, el Consejero militar de mayor categoría y antigüedad en el empleo.

La Sala de Consejeros Togados será presidida por el más antiguo de los que la formen.

Art. 99. A falta del número indispensable de Consejeros para el Pleno, el Reunido ó las Salas, prestarán servicio los llamados por la ley á suplir á aquéllos.

Art. 100. Desde el 15 de Julio á 15 de Septiembre de cada año funcionará solamente una Sala de vacaciones, compuesta de ocho Consejeros, cuatro Generales del Ejército, dos Generales de la Armada y dos Togados, que se encargará del despacho ordinario de las de Justicia y Gobierno, así como del Consejo Reunido, en la tramitación de expedientes y causas, fallando y resolviendo meramente los que sean de reconocida urgencia.

La misma Sala constituirá con los Fiscales el Pleno si fuere necesario reunirlo.

Art. 101. Sin perjuicio de lo establecido sobre la organización de las Salas, el Presidente del Consejo, en vista de las necesidades del servicio y del número y clase de asuntos pendientes, podrá disponer que se forme otra Sala de justicia que despache á la vez que la permanente, ó que el Consejo funcione en Salas de gobierno.

Art. 102. El reglamento del Consejo establecerá el orden de las discusiones y todo lo demás referente al régimen interior del mismo.

## CAPITULO III.

### *Del Presidente del Consejo.*

Art. 103. Los Capitanes generales del Ejército no necesitan, por su alta dignidad, ninguna condición especial para ser nombrados Presidentes del Consejo.

Los Tenientes Generales, para ser nombrados Presidentes, deberán estar en posesión de la Gran Cruz de San Hermenegildo y tener alguna de las condiciones siguientes:

Haber desempeñado el mismo cargo.

Haber sido Ministro de la Guerra

Haber sido General en Jefe del Ejército.

Hallarse en posesión de la Gran Cruz de San Fernando.

Haber mandado Cuerpo de Ejército en campaña.

Haber sido por espacio de dos años Directores ó Inspectores generales de las armas ó institutos del Ejército, Capitanes generales de distrito, Consejeros de Estado ó del Supremo de Guerra y Marina.

Art. 104. Corresponde al Presidente del Consejo:

1º Presidir y dirigir las discusiones del Consejo Pleno, del Reunido y de cualquiera de las Salas á que tenga por conveniente asistir.

2.º Señalar la hora en que deba celebrar sus sesiones el Consejo.

3º Designar al principio de cada año judicial los Consejeros que hayan de componer durante él la Sala de justicia.

4º Disponer, cuando las atenciones del servicio lo exijan, la división de las Salas, con arreglo á lo establecido en el artículo 101, designando los Consejeros que hayan de componerlas.

5º Convocar el Consejo á sesión extrardinaria cuando el Gobierno ó la urgencia de un asunto lo reclame.

6º Someter á la decisión del Pleno ó del Reunido los asuntos que por su importancia entienda que deben ser de su respectivo conocimiento.

7º Ejercer la alta inspección y vigilancia sobre todas las dependencias del Consejo.

8º Recibir el juramento á los funcionarios comprendidos en el párrafo segundo del artículo 77.

9º Conceder licencias que no excedan de dos meses á los empleados del Consejo, y elevar al Gobierno, con su informe, las instancias que los mismos le dirijan.

10. Despachar con el Secretario, firmar la correspondencia del Consejo y ejercer las demás atribuciones que el reglamento le señale.

## CAPITULO IV.

### *De los Consejeros.*

Art. 105. Los Consejeros de la clase de Generales deberán estar en posesión de la Gran Cruz de San Hermenegildo.

Además deberán reunir alguna de las condiciones siguientes:

Haber desempeñado el mismo cargo.

Haber sido Consejero de Estado.

Haber sido Subsecretario del Ministerio de la Guerra.

Haber mandado división en campaña.

Haber ejercido por espacio de dos años cualquier cargo ó mando propio de su empleo.

Art. 106. El nombramiento de los Consejeros Togados recaerá en los Auditores generales de los Cuerpos Jurídicos del Ejército y la Armada á que corresponda la vacante, en conformidad á lo preceptuado sobre ascensos para cada cuerpo.

Además deberán haber desempeñado, por espacio de dos años, el empleo inferior inmediato.

Art. 107. Todos los Consejeros tendrán las mismas atribuciones, igual representación é idénticos derechos, honores y consideraciones; disfrutarán tratamiento de Excelencia, y usarán como distintivo peculiar de la Corporación, una medalla de oro.

Art. 108. Los Consejeros acudirán directamente al Ministerio de la Guerra para sus asuntos particulares, y del mismo modo recibirán las resoluciones que á ellos se refieran.

## CAPITULO V.

### *De los Fiscales del Consejo.*

Art. 109. El Fiscal militar deberá reunir las condiciones siguientes:

Pertenecer á la Orden de San Hermenegildo en cualquiera de sus categorías, y tener servicios ó méritos especiales que acrediten su indoneidad y las demás relevantes circunstancias exigibles para el mejor desempeño del cargo.

Art. 110. Para el de Fiscal Togado podría ser elegido un Consejero de la propia clase ó un Auditor general, que procedan en uno y otro caso del Cuerpo Jurídico militar, y que no habiendo sufrido postergación durante su carrera, reunan las mismas condiciones requeridas para el Fiscal militar, con excepción de la referente á la Orden de San Hermenegildo.

Art. 111. Los Fiscales son los Jefes de las respectivas Fiscalías: disfrutarán las mismas consideraciones, tratamientos y honores que los Consejeros, y tomarán asiento entre éstos cuando asistan al Consejo Pleno, ocupando el lugar que por antigüedad en el empleo les corresponda.

Art. 112. Cuando los Fiscales asistan á la vista de alguna causa en el Reunido ó en la Sala de justicia, ocuparán un asiento en el estrado, á la derecha del Tribunal.

Art. 113. En los negocios de justicia y en los que hayan de verse en Pleno, se dará Audiencia á los dos Fiscales por el orden que el Consejo acuerde.

En los demás negocios que exijan dictámen fiscal, oirá el Consejo á uno ó á los dos Fiscales, según lo tenga por conveniente.

Art. 114. Corresponde á los Fiscales del Consejo:

1º Promover la acción de la justicia en el Ejército y en la Armada.

2º Pedir la aplicación de las leyes en los negocios en que estén llamados á intervenir.

3º Sostener la integridad de la jurisdicción de Guerra, con arreglo á las leyes.

4º Vigilar el cumplimiento de las leyes, reglamentos, ordenanzas y disposiciones que se refieran á la administración de justicia en Guerra y Marina.

5º Proponer las correcciones disciplinarias en los casos que procedan.

6º Poner en conocimiento del Consejo los abusos é irregularidades que noten y que este Cuerpo tenga competencia para remediar, sin perjuicio de poder dirigirse al Gobierno en otro caso.

7º Someter al Consejo las mociones que crean convenientes al interés del servicio.

8º Redactar, al principio de cada año judicial, una Memoria dirigida al Ministro de la Guerra, en la cual, cada uno por separado, ó ambos de común acuerdo, expongan el estado de la administración de justicia militar durante el año anterior, é indiquen las dudas que se han suscitado y las reformas que puedan introducirse.

9º Recibir directamente del Gobierno las órdenes é instrucciones que éste considere oportunas para la rigurosa aplicación de las leyes, la defensa de los intereses y derechos de la sociedad y del Ejército y las prerrogativas de la Corona y los Poderes del Estado.

10. Hacer las propuestas correspondientes para el nombramiento de Tenientes fiscales segundos.

11. Formar anualmente la estadística general de las causas criminales terminadas por sentencia firme, y de los sobreseimientos é inhibiciones que se hubieren acordado por la juisdicción de guerra.

12. Cumplir los demás deberes que les impongan las leyes.

El Fiscal Togado podrá también dirigir á los Tenientes auditores las advertencias é instrucciones que juzgue convenientes para el mejor desempeño de las funciones fiscales.

## CAPITULO VI.

### *De los Tenientes fiscales.*

Art. 115. Los Tenientes fiscales primeros sustituirán á los Fiscales respectivos.

A falta de unos y otros, ejercerán accidentalmente las funciones fiscales los Tenientes fiscales segundos.

Art. 116. El nombramiento de primer Teniente fiscal militar y el de primer Teniente fiscal Togado, recaerán respectivamente en un General de Brigada de brillante historia, que pertenezca á la Orden de San Hermenegildo, en cualquiera de sus categorías, y en un Auditor general que no haya sufrido postergación durante su carrera, y tenga servicios ó méritos especiales.

Art. 117. El nombramiento de los Tenientes fiscales segundos se hará á propuesta de los respectivos Fiscales elevada por conducto del Presidente del Consejo.

Los segundos Tenientes fiscales militares deberán pertenecer á la Orden de San Hermenegildo, en cualquiera de sus categorías, y los Togados no haber sufrido postergación y merecer buen concepto.

Art. 118. Los Tenientes fiscales despacharán, bajo su firma y responsabilidad, los negocios que los Fiscales les encomienden.

Consultarán á éstos los que consideren graves ó de solución difícil, y se arreglarán en todos á las instrucciones que aquéllos les comuniquen.

Si las estimasen equivocadas ó contrarias á las leyes, podrán hacer las respetuosas observaciones conducentes á salvar su responsabilidad.

En este caso, el Fiscal podrá encomendar el negocio á otro de sus subordinados.

Art. 119. Cuando los Tenientes fiscales concurran, el Pleno en representación de los Fiscales, se sentarán á continuación del Consejero más moderno.

En la Sala de justicia y en el Reunido ocuparán el mismo sitio señalado á los Fiscales. En los demás actos se les destinará un asiento especial en el estrado.

## CAPITULO VII.

### *Del Secretario del Consejo.*

Art. 120. El Secretario es el Jefe de la Secretaría y del Archivo, sus funciones serán las señaladas en el reglamento interior del Consejo, y en los actos del mismo en que intervenga ocupará asiento frente á la Presidencia.

Art. 121. El nombramiento de Secretario recaerá, según los casos, en un General de Brigada, que habrá de pertenecer á la Orden de San Hermenegildo, ó en un Oficial general de la Armada de la misma categoría que reuna iguales condiciones.

Art. 122. Sustituirá al Secretario el Oficial mayor de la Secretaría, y en defecto de éste el Oficial primero.

## CAPITULO VIII

### *De los Secretarios Relatores.*

Art. 123. Los Secretarios Relatores darán cuenta de los negocios judiciales y autorizarán las providencias que en los mismos se acuerden.

Serán nombrados á propuesta del Consejo, y en los actos de la Sala de justicia ó del Reunido en que intervengan, se sentarán frente á la Presidencia y en pavimento inferior.

En los demás actos se les destinará un asiento especial en el estrado.

## TITULO VI.

### DE LAS REGLAS QUE DETERMINAN LA COMPETENCIA DE LOS TRIBUNALES DE GUERRA.

Art. 124. Es competente para conocer de la causa la Autoridad del Ejército ó distrito en cuyo territorio se hubiese cometido el delito, aunque su autor ó autores pertenezcan á fuerzas que dependan de otro distrito militar.

Cuando no conste el lugar donde se hubiere cometido el delito, conocerán por el orden siguiente:

1º La Autoridad judicial del distrito en que se descubrieren pruebas materiales de su ejecución.

2º La del en que el reo presunto tuviera su destino.

3º La del en que hubiese sido aprehendido.

Art. 125. Una sola Autoridad judicial conocerá de los delitos conexos y de los incidentales.

En las causas por delitos conexos tendrá preferente competencia la Autoridad judicial que hubiese empezado primero á conocer, y en igualdad de tiempo, la que persiga el delito que tenga señalada pena mas grave.

Art. 126. Cuando resulten complicados en una misma causa individuos de diferentes categorías, dictará sentencia el Tribunal llamado á juzgar al más caracterizado.

Cuando se trate de los delitos de traición, rebelión y sedición, cometidos en distintos lugares, aunque medie concierto previo al efecto, podrá conocer de cada uno de dichos delitos la Autoridad judicial del Ejército ó distrito en que se hubiere cometido.

Art. 127. Cuando un Ejército ó un cuerpo sea disuelto, las causas pendientes en él se continuarán por la Autoridad judicial del territorio á que se destine á los procesados.

Si los complicados en una misma causa fuesen destinados á distintos territorios, conocerá respecto de todos la Autoridad judicial del distrito en que el Ejército ó cuerpo se disuelva.

Art. 128. Los procedimientos contra individuos de tropa por primera deserción, sin circunstancia agravante, se resolverán en el distrito en que aquellos se presenten ó hayan sido aprehendidos.

Art. 129. Cuando los cuerpos cambien de distrito, las causas pendientes contra individuos de los mismos se continuarán en el distrito del nuevo destino.

Esto, no obstante, la Autoridad judicial del distrito en que la causa tuviese origen, podrá retener su conocimiento, siempre que por hallarse las pruebas en la localidad ó por otras circunstancias muy especiales, lo crea conveniente.

En este caso dará conocimiento á la Autoridad judicial respectiva y al Consejo Supremo de Guerra y Marina.

Las causas de Consejo de guerra de cuerpo que fueren retenidas, serán falladas por el de plaza que corresponda.

Art. 130. Es competente para conocer de la causa contra el militar que delinquiendo en país extrangero deba ser juzgado en España, la Autoridad judicial del distrito de que aquel proceda.

Art. 131. Son competentes para prevenir las primeras diligencias de abintestato de los militares de todas clases, empleados y dependientes del Ejército, las Autoridades militares de la localidad, y en su defecto, los Jefes y Oficiales á cuyas órdenes estuviere el finado.

Art. 132. Cuando algún individuo del Ejército, separado de su cuerpo, falleciese en navegación, practicará las primeras diligencias de abintestato, el Comaneante ó Capitán del buque que lo condujere, entregándolas para su continuación á la Autoridad competente del punto de arribada español.

## TITULO VII.

### DE LOS JUECES INSTRUCCTORES, FISCALES, SECRETARIOS DE CAUSA Y DEFENSORES.

### CAPITULO PRIMERO.

*Del Juez instructor.*

Art. 133. El juez instructor es el encargado de la formación de las actuaciones judiciales.

Art. 134. El nombramiento de Juez instrucctor se hará para cada causa por la Autoridad militar que ejerza la jurisdicción, ó por las Autoridades ó Jefes militares que den la orden de proceder ó de prevenir la formación del procedimiento, según sus atribuciones respectivas y recaerá siempre en General, Jefe ú Oficial que dependa de la Autoridad ó Jefe que lo nombre.

Para las causas de que deba conocer el Consejo de guerra de Oficiales generales, será nombrado Juez instructor un Oficial general ó Jefe; bastando que tenga el empleo de Coronel, aunque sea superior la categoría del más caracterizado de los presuntos culpables. Para las de Consejo de Guerra ordinario, serán nombrados los Comandantes fiscales de los Cuerpos, ó un Capitán ú Oficial subalterno.

Para las de que conozca, en única instancia, el Consejo Supremo de Guerra y Marina, designará este por turno, y atendiendo á la naturaleza del delito perseguido, el Consejero militar ó Togado que haya de instruirlas.

Las funciones del Consejero instructor se limitarán á la práctica de las diligencias procesales.

Art. 135. En las plazas sitiadas ó bloqueadas donde no hubiere Oficial de la categoría correspondiente para ser nombrado Juez instrucctor, se recurrirá á los de graduaciones inferiores en orden sucesivo.

Art. 136. El nombramiento de Juez instructor de causas cuyo conocimiento corresponda al Consejo de guerra de Oficiales generales, deberá ser aprobado por la Autoridad judicial, si hubiere sido hecho por Autoridad inferior ó Jefe militar.

Art. 137. El Juez instructor dependerá únicamente de la Autoridad judicial del Ejército ó distrito en cuanto se relacione con la instrucción del procedimiento.

## CAPITULO II.

### *Del Fiscal.*

Art. 138. El Fiscal es el encargado de ejercitar la acción pública ante los Consejos de guerra.

Art. 139. En las causas de Consejo de guerra de Oficiales generales en que se haga aplicación del Código penal común, desempeñará las funciones fiscales el Teniente Auditor del distrito.

En las de Consejo de guerra ordinario en que se aplique dicho Código podrá desempeñarlas el Teniente Auditor ó cualquier otro individuo del Cuerpo Jurídico militar.

Art. 140. Cuando el delito que se persiga sea militar, ó se trate de dos ó más delitos, unos militares y otros comunes, ejercerá las funciones fiscales un General, Jefe ú Oficial del Ejército de categoría igual ó superior á la del más caracterizado de los presuntos culpables.

En cuanto al nombramiento y dependencia del Fiscal militar se observarán las reglas establecidas en los artículos 134, 135 y 137.

No tendrán, sin embargo, la facultad de nombrarle los Jefes militares que den la orden de proceder ó de prevenir la formación del procedimiento.

Las funciones de acusación serán siempre desempeñadas en el Consejo Supremo por sus Fiscales.

## CAPITULO III.

### *Del Secretario de causas.*

Art. 141. El Secretario es el encargado de extender y autorizar las actuaciones judiciales.

Art. 142. El Secretario será nombrado por la misma

Autoridad ó Jefe militar, en la propia forma y bajo iguales reglas que el Juez instructor.

En las causas cuyo conocimiento corresponda al Consejo de guerra ordinario, podrá hacer el nombramiento de Secretario el Juez instructor, si no le nombrare la Autoridad ó Jefe que dé la orden de proceder.

Para las causas de la competencia del Consejo de guerra de oficiales generales recaerá el nombramiento en un Capitán ó subalterno, y para las de Consejo de guerra ordinario en un sargento, cabo ó soldado.

En las causas de que el Consejo Supremo de Guerra y Marina conozca en única instancia, desempeñará las funciones de Secretario uno de los Secretarios Relatores.

### Disposición general a los tres capitulos anteriores.

Art. 143. Los cargos de Fiscal instructor y Secretario de causa son obligatorios, con las únicas excepciones de incompatibilidad ó exención prevenidas en la Ley.

## CAPITULO IV.

### *Del defensor.*

Art. 144. Todo procesado cuya causa haya de terminar por sentencia del Consejo de guerra ó del Supremo de Guerra y Marina, tiene derecho á elegir defensor. Al que no haga uso de este derecho se le nombrará de oficio por la Autoridad judicial ó por el Consejo Supremo.

Art. 145. El nombramiento de defensor recaerá necesariamente en Oficial de las armas, institutos ó cuerpos auxiliares del Ejército, para las causas que se instruyan en los Ejércitos en campaña y plazas ó fortalezas sitiadas ó bloqueadas, y para las que en cualquier tiempo se sigan por los delitos de traición, espionaje, rebelión, conspiración para la rebelión, sedición, negligencia y debilidad en actos del servicio, abandono del mismo, indisciplina, insulto á superiores, desobediencia y todos los que tengan carácter militar. En los demás casos podrá recaer en Abogado con estudio abierto y que esté autorizado para ejercer la profesión en la localidad en que haya de celebrarse el Consejo de guerra.

Art. 146. Para el nombramiento de defensor militar se observarán las reglas siguientes:

1ª Las personas que deban ser juzgadas por el Consejo Supremo de Guerra y Marina podrán elegir entre los Generales, Jefes y Oficiales y sus asimilados residentes en el distrito de Castilla la Nueva, aunque la residencia sea eventual. También podrán ratificar el nombramiento del que hubiere hecho su defensa en el Ejército ó distrito, siempre que el mismo no hubiere dejado de residir en la Península.

2ª Las personas que deban ser juzgadas por los Consejos de guerra de Oficiales generales, podrán elegirlo entre los generales, Jefes y Oficiales y sus asimilados residentes en la localidad en que la causa se siga, ó pertenecientes al mismo Ejército ó distrito.

3ª Las personas que deban ser juzgadas por el Consejo de guerra ordinario, lo elegirán entre los Oficiales y sus asimilados de la plaza, ó de la brigada en su caso.

Art. 147. El cargo de defensor es obligatorio para los militares, salvo los casos de incompatibilidad, exención ó excusa.

Para los Abogados es voluntario.

Si dos de los Abogados elegidos por el acusado se negasen á aceptar la defensa, se le requerirá para que nombre defensor militar, y en último caso se le nombrará de oficio entre los de esta clase.

Art. 148. Los Abogados quedarán sometidos á la jurisdicción de Guerra sólo por las faltas que cometan en el desempeño del cargo de defensor ó con ocasión del mismo, debiendo aplicárseles los preceptos de esta Ley referentes á correcciones disciplinarias.

## TITULO VIII.

### De las incompatibilidades, exenciones, excusas y recusaciones.

### CAPITULO PRIMERO.

*De las incompatibilidades, exenciones y excusas.*

Art. 149. El Presidente, los Consejeros y Fiscales del Supremo de Guerra y Marina, las Autoridades judiciales de los Ejércitos ó distritos, el Presidente y Vocales de los Consejos de Guerra, los Auditores, Jueces instructores, Fiscales y Secretarios de causas, no podrán intervenir en los asuntos judiciales cuando tengan alguna causa de incompatibilidad.

Art. 150. Son causas de incompatibilidad:

1º El parentesco de consanguinidad dentro del cuarto grado civil, ó segundo de afinidad con cualquiera de los procesados, con la persona ofendida ó perjudicada por el delito, ó en los respectivos casos con el Fiscal ó con alguno de los Jueces.

2º El mismo parentesco de consanguinidad dentro del segundo grado, ó de afinidad dentro del primero, con el defensor de alguno de los procesados.

3º Haber sido denunciado ó acusado por alguno de éstos ó de los ofendidos como autor, cómplice ó encubridor de un delito.

4º Haber sido defensor de alguno de los acusados ú ofendidos.

5º Haber intervenido en la causa como acusador, perito ó testigo.

6º Ser ó haber sido en alguna ocasión denunciador ó acusador de alguno de los procesados ú ofendidos.

No se considerará comprendido en ninguno de los dos números anteriores el Jefe ú Oficial que se hubiere limitado á transmitir la denuncia ó parte origen del procedimiento.

7º Ser ó haber sido tutor ó curador, ó haber estado bajo la tutela ó curatela de alguno de los procesados ú ofendidos.

8º Tener pleito pendiente con el acusado ó con el ofendido.

9º Tener interés directo ó indirecto en la causa.

10. Tener amistad íntima ó enemistad manifiesta con el acusado ó con el ofendido.

11. Ser Capitán ú Oficial de la compañía de alguno de los procesados, ó tenerle, por cualquier otro concepto análogo, bajo dependencia inmediata y directa en el momento de cometerse el delito.

En las causas contra individuos de la Guardia civil y Carabineros, se entenderá que no dependen inmediatamente del Capitán y Oficiales de su compañía los que pertenezcan á distinta sección.

Cesará también la incompatibilidad cuando se hallase aislada una compañía ó unidad análoga de cualquier cuerpo del Ejército, y se careciere de oficiales extraños á ella.

12. Hallarse procesado ó extinguiendo condena ó arresto en virtud de providencia gubernativa.

Art. 151. Están exentos de formar parte de los Consejos de guerra como Presidente ó Vocales:

1º Los Ministros de la Corona, los Capitanes Generales de Ejército y los Generales, Jefes y Oficiales que por tener destino en el Ministerio de Guerra, Consejo de Estado, Consejo Supremo de Guerra y Marina, Junta superior consultiva de guerra, Inspecciones generales de las armas, cuerpos é institutos del Ejército, Consejo de inútiles y huérfanos de las guerras de la Península y Ultramar, Caja general de Ultramar y demás centros del ramo de Guerra y dependencias de los mismos; los que sirvan á las inmediatas órdenes del Rey ó en el Cuerpo de Alabarderos; los que pertenezcan á los Cuerpos de Guardia civil y Carabineros ó á los de Orden público y asimilados al primero en las posesiones de Ultramar, ó por otras causas no dependan directamente de la Autoridad judicial superior del Ejército ó distrito, ó de la que haya de hacer el nombramiento en los respectivos casos

La exención relativa á los Oficiales de la Guardia civil, Carabineros y Cuerpos similares á aquélla, se entenderá limitada á los casos en que no se trate de Consejo de guerra de cuerpo, ó no se halle reconcentrada la fuerza de los mismos, pasando á depender de la Autoridad militar.

2º Los Oficiales generales que figuran en la escala de reserva.

3º Los Jefes y Oficiales de comunicaciones militares.

4º Los Jefes y Oficiales de la escala de reserva de las armas en que exista, mientras no estén movilizados.

5º Los Jefes y Oficiales de los Cuerpos de Estado Mayor y los del Cuerpo auxiliar de oficinas militares que presten servicio en las Capitanías generales.

6º Los individuos de los Cuerpos auxiliares del Ejército, á excepción del caso en que deban ser Vocales de Consejo que haya de juzgar á algún individuo de su Cuerpo respectivo.

7º Los Cajeros de los Cuerpos para los Consejos de guerra de plaza.

8º Los inválidos.

9º Los individuos del clero castrense.

Art. 152. Están exentos de los cargos de Juez instructor, Fiscal y Secretario de causas, todos los Oficiales comprendidos en el artículo anterior, y además los que se hallen de reemplazo, los Comandantes mayores de los Cuerpos, y en los casos respectivos, los individuos y clases de tropa pertenecientes á las reservas.

También podrán ser declarados exentos cualesquiera otros Oficiales en quienes concurran razones atendibles, que apreciará la Autoridad judicial oyendo á su Auditor.

Art. 153. Los Oficiales generales de la escala de reserva, los Jefes y Oficiales de reemplazo, los de Carabineros, Guardia Civil y sus asimilados en Ultramar, los de las reservas y los individuos y clases de tropa de las mismas, podrán ser nombrados Jueces instructores, Fiscales ó Secretaaios de causas provisionalmente en cada caso, cuando la escasez de los demás individuos del Ejército dificulte la más pronta administración de justicia.

Art. 154. No podrán ser nombrados defensores:

1º Los Ministros de la Corona.

2º Los Consejeros de Estado.

3º Los Consejeros y demás funcionarios que prestan servicio en el Consejo Supremo de Guerra y Marina.

4º Las Autoridades militares.

5º El Subsecretario y Oficiales del Ministerio de la Guerra.

6º Los Ayudantes y Oficiales á las órdenes del Rey.

7º Los individuos del Cuerpo Jurídico militar que tengan destino activo.

8º Los individuos del Clero castrense.

9º Los individuos de los Cuerpos auxiliares y los de la Guardia Civil y Carabineros y Cuerpos asimilados á aquélla en las posesiones de Ultramar, cuando no pertenezca á su propio instituto el procesado, si no está el Ejército en campaña ó el territorio en estado de guerra.

10. Los que tengan parentesco con el Juez instructor ó Fiscal de la causa, por consanguinidad ó afinidad dentro del cuarto grado civil.

Art. 155. Están exentos del cargo de defensor:

1º Los Generales, Jefes y oficiales de la escala de reseiva que no tengan residencia en el distrito, Ejército, plaza, división ó brigada en que se instruya la causa.

2º Los Oficiales con destino en las oficinas centrales de Guerra, é individuos de las propias clases de los Cuerpos auxiliares en cuanto á las causas de Consejo de guerra ordinario.

Art. 156. Pueden excusarse de ser defensores:

1º Los Capitanes Generales de Ejército, cuando el procesado no tuviese igual gerarquía militar.

2º Los Senadores y Diputados á Cortes.

3º Los Jefes, Secretarios y Oficiales de las Inspecciones de las armas y empleados en los demas Centros y dependencias de Guerra.

4º Los primeros Jefes de Cuerpo activo y de las Comandancias de Carabineros y Guardia civil y los Mayores de plaza.

5º Los empleados en comisiones activas del servicio y cualesquiera otros en quienes concurran razones atendibles que apreciará la Autoridad judicirl, oyendo á su Auditor.

6º Los individuos de los Cuerpos auxiliares, cuando el procesado no pertenezca al mismo que el nombrado defensor.

## CAPITULO II.

### *De las recusaciones.*

Art. 157. Pueden ser recusados por los procesados ó sus defensores, y los Fiscales en su caso, alegando alguna de las causas de incompatibilidad comprendidas en el artículo 150.

1º El Presidente, los Consejeros y Secretarios Relatores del Consejo Supremo de Guerra y Marina, en las causas de que éste conozca en única instancia.

2º El Presidente y Vocales de los Consejos de guerra.

3º Los Jueces instructores, Fiscales y Asesores.

4º Los Secretarios de causas.

No pueden ser recusados, en ningún caso, los Fiscales del Consejo Supremo de Guerra y Marina, las Autoridades judiciales, los Auditores y los Fiscales después de haber formulado la acusación.

Art. 158. También podrán ser recusados los peritos.

Las causas de recusación de los peritos son:

1ª El parentesco de consanguinidad ó afinidad dentro del cuarto grado con el ofendido ú ofensor.

2ª El interés directo ó indirecto en la causa ó en otra semejante.

3ª La amistad íntima ó enemistad manifiesta.

## TITULO IX.

### DE LA JURISDICCIÓN DE GUERRA EN LAS PLAZAS DE AFRICA.

### CAPITULO UNICO.

Art. 159. Las plazas de Africa se considerarán en constante estado de guerra, y en tal concepto, los Tribunales y Autoridades militares conocerán de todos los delitos cometidos en las mismas, cualquiera que sea la persona delicuente, con sujeción á las reglas establecidas en esta ley.

Art. 160. De los negocios judiciales de carácter civil que se promuevan en la plaza de Ceuta, conocerán en primera instancia el Comandante general de la plaza y su Auditor.

De los de igual carácter que se promuevan en las demás plazas españolas de Africa, conocerán en primera instancia la Autoridad militar que en ellas ejerza jurisdicción.

Las sentencias que dicten las mencionadas Autoridades serán apelables ante el Consejo Supremo de Guerra y Marina.

En este conocerá de dichos asuntos la Sala de Consejeros Togados á que se refiere el art. 89.

Sus fallos serán ejecutorios, y contra ellos no procederá recurso alguno.

Art. 161. En los negocios judiciales de carácter civil que se promuevan en las plazas de Africa se aplicarán los preceptos y procedimientos de la legislación ordinaria.

## TITULO X.

### DE LA JURISDICCIÓN DISCIPLINARIA.

Art. 162. La jurisdicción disciplinaria tiene por objeto la corrección de las faltas que se cometan en el desempeño de funciones judiciales, en el cumplimiento de deberes relativos á las mismas ó con ocasión de ella.

No se aplicarán correcciones disciplinarias á los hechos ú omisiones que constituyan delito, ni á las faltas que no se refieran al ejercicio de la jurisdicción de Guerra ó no se cometan con ocasión del mismo.

Art. 163. Están sujetos á la jurisdicción disciplinaria:

Los Presidentes y Vocales de los Consejos de guerra.

Los Jueces instructores.

Los Fiscales.

Los Secretarios de causa.

Los Defensores militares y Abogados.

Los individuos del Cuerpo Jurídico militar.

Los peritos, testigos y cuantos intervengan en los procedimientos militares, ó asistan como público á los Consejos de guerra.

Art. 164. La jurisdicción disciplinaria corresponde:

A las Autoridades que en los Ejércitos y distritos ejerzan la de Guerra.

Al Consejo Supremo de Guerra y Marina.

Al Gobierno en el caso previsto en el párrafo último del artículo 166.

Art. 165. Las Autoridades militares que ejerzan jurisdicción podrán imponer en vía disciplinaria las correcciones siguientes:

A los peritos, testigos y demás personas extrañas al Ejército que intervengan en el procedimiento:

Advertencia.

Apercibimiento.

Privación total ó parcial de honorarios ó indemnizaciones.

A los Abogados defensores:

Advertencia.

Apercibimiento.

Suspensión del ejercicio de la abogacía ante los Tribunales del Ejército ó distrito hasta dos meses.

A los Presidentes y Vocales de los Consejos de guerra, Jueces instructores, Fiscales, individuos del Cuerpo Jurídico militar que no ejerzan funciones de Auditor, Secretarios de causas y Defensores militares:

Advertencia.

Apercibimento.

Suspensión de empleo hasta quince días.

Arresto por igual tiempo.

Art. 166. Las correcciones que en vía disciplinaria podrá imponer el Consejo Supremo de Guerra y Marina son las siguientes:

A los peritos, testigos y demás personas extrañas al Ejército que hayan intervenido en el procedimiento:

Advertencia.

Apercibimiento.

Privación total ó parcial de honorarios ó indemnizaciones.

A los Abogados defensores:

Advertencia.

Apercibimiento.

Suspensión del ejercicio de la abogacía en los Tribunales militares hasta seis meses.

A los Presidentes y Vocales de los Consejo de guerra, Jueces instructores, Fiscales, Secretarios de causas, Defensores militares, individuos del Cuerpo Jurídico militar y de la Armada:

Advertencia.

Apercibimiento.

Suspensión de empleo hasta dos meses.

Arresto por igual tiempo.

Las Autoridades que ejerzan la jurisdicción de Guerra no podrán ser corregidas directamente en vía disciplinaria, debiendo limitarse el Consejo Supremo á informar al Gobierno sobre las faltas que hubiesen cometido y correcciones que estime pertinentes.

Art. 167. Las correcciones consistentes en advertencia y apercibimiento, se comunicarán reservadamente á los Oficiales generales.

Art. 168. Contra las correcciones impuestas por las Autoridades militares, sólo se dará recurso de apelación, ante el Consejo Supremo de Guerra y Marina.

Contra las impuestas por este Tribunal, sólo procederá el recurso de súplica ante el mismo.

Art. 169. Las correcciones impuestas disciplinariamente á los funcionarios que intervengan en el ejercicio de la jurisdicción de Guerra, no serán obstáculos para que se instruya expediente gubernativo, cuando por la gravedad del hecho pueda proceder la separación del servicio.

DISPOSICION GENERAL.

Art. 170. Las disposiciones de esta ley no se oponen á la organización de otros Tribunales de carácter puramente gubernativo, que funcionen con arreglo á sus peculiares fines.

## TITULO PRIMERO.

DISPOSICIONES GENERALES.

### CAPITULO UNICO.

*Delitos y circunstancias para graduar la responsabilidad criminal.*

Art. 171. Son delitos ó faltas militares las acciones y omisiones penadas en esta Ley.

Lo son igualmente las comprendidas en los bandos que los Generales en Jefe y Gobernadores de plazas sitiadas ó bloqueadas dicten con arreglo á sus facultades.

Art. 172. Los Tribunales impondrán la pena señalada en la extensión que estimen justa, á no ser que el acusado estuviese exento de responsabilidad criminal.

Apreciarán como causas de exención de responsabilidad criminal las que, en cada caso, juzguen pertinentes del Código penal ordinario.

No podrán declarar la exención de responsabilidad por ninguna otra causa que no se halle consignada en dicho Código.

Art. 173. Para la apreciación de las circunstancias atenuantes ó agravantes de los delitos comprendidos en esta Ley, obrarán los Tribunales según su prudente arbitrio tomando en cuenta el grado de perversidad del delincuente, la trascendencia que haya tenido el delito, el daño producido ó que hubiere podido producir con relación al servicio, á los intereses del Estado ó á los particulares, y la clase de pena señalada por la Ley.

En los delitos de insulto de obra á superior, el inmediato abuso de autoridad podrá considerarse circunstancia atenuante para el efecto de rebajar en uno ó dos grados la pena correspondiente.

La embriaguez no será atenuante para los militares, á no haber delinquido el culpable impulsado por malos tratamientos después de hallarse en aquél estado.

Art. 174. Los delitos cometidos por militares, con las circunstancias que á continuación se expresan y no previstos especialmente en esta Ley, serán juzgados con sujeción al Código penal ordinario, según las reglas siguientes:

1ª El asesinato, el homicidio y las lesiones ejecutadas en actos del servicio, ó con ocasión de él, en cuartel, campamento, vivac, fortaleza, obra militar, almacén, oficina, fundición, maestranza, fábrica, parque, academia y demás establecimientos ó dependencias de guerra; en casa de Oficial ó en la en que el culpable estuviere alojado, si la víctima fuese el dueño ó alguno de su familia ó servidumbre, se castigará con la pena señalada en su grado máximo ó con otra superior en uno ó dos grados, según los casos.

2ª Las mismas reglas se observarán con relación al robo, el hurto y la estafa, cometidos en iguales circunstancias ó lugares y en casa de vivandero ó proveedor del Ejército, si éstos fueran los perjudicados.

El robo frustrado se castigará como el consumado.

3ª La violación de una mujer cometida por un militar, abusando de la ventaja ú ocasión que le proporcionen los actos del servicio, será castigada con la pena superior en uno ó dos grados á la señalada al delito, según los casos.

4ª En los delitos de malversación de caudales ó efectos del Ejército, falsificación ó infidelidad en la custodia de documentos del mismo, fraudes al Estado por razón de cargo ó comisión de suministros, contratas, ajustes ó liquidación de efectos ó haberes y participación directa ó indirecta en contrato ú operación en que el militar intervenga oficialmente, será éste considerado siempre como funcionario público, y se le impondrá la pena señalada á cada caso en su grado máximo.

La falsificación de documentos militares se entenderá equiparada á la de documentos públicos.

# TITULO II.

## DE LAS PENAS.

## CAPITULO PRIMERO.

### *De las penas en general.*

Art. 175 No será castigado ningún delito militar con pena que no se halle establecida por la Ley anterior á su perpetración.

Art. 176. Solo se reputarán penas las impuestas por los Tribunales en virtud de procedimiento judicial.

Las correcciones que se impongan gubernativa ó disciplinariamente, no se considerarán penas por más que sean de la misma naturaleza que las establecidas en esta Ley.

## CAPITULO II.

### *De la naturaleza y clasificación de las penas.*

Art. 177. Las penas que los Tribunales militares pueden imponer como principales por los delitos comprendidos en esta Ley son de dos clases: unas militares y otras comunes.

Las militares, según los grados de su gravedad respectiva, son las siguientes:

1º Muerte.
2º Reclusión militar perpétua.
3º Reclusión militar temporal.
4º Prisión militar mayor.
5º Pérdida de empleo.
6º Prisión militar correccional de tres años y un día á seis años.
7º Separación del servicio.
8º Prisión militar correccional hasta tres años.

Las penas comunes son, por el mismo orden gradual de gravedad:

1º Muerte.
2º Cadena perpétua.
3º Reclusión perpétua.
4º Cadena temporal.

5º Reclusión temporal.
6º Presidio mayor.
7º Prisión mayor.
8º Presidio correccional.
9º Prisión correccional.

Art. 178. Son penas accesorias las de

Degradación militar.

Suspensión de empleo.

Deposición de empleo.

Destino á un cuerpo de cisciplina.

Expulsión de las filas del Ejército con pérdida de todos los derechos adquiridos en él.

Pérdida ó comiso de los instrumentos y efectosd el delito.

Las penas de pérdida de empleo y separación del servicio, son también accesorias en los casos en que, no imponiéndolas expresamente la Ley, declara que otras las llevan consigo.

## CAPITULO III.

### *De la duración de las penas.*

Art. 179. Las penas perpétuas militares se declararán terminadas á los treinta años.

Art. 180. Las penas temporales militares tienen de duración:

La de reclusión, de doce años y un día á veinte años.

La de prisión mayor, de seis años y un día á doce años.

La de prisión correccional, de seis meses y un día á seis años.

La de degradación, pérdida de empleo, y separación del servicio, impuestas como principales ó como accesorias, son siempre de carácter permanente. Los que las sufran no podrán ser rehabilitados sino á virtud de una Ley.

Art. 181. Las penas comunes se declararán terminadas con arreglo á lo prevenido en el Código penal ordinario y tendrán la duración que el mismo disponga.

Art. 182. Las penas accesorias tendrán la duración que respectivamente se halle determinada por la Ley, ó la de la principal á que vayan unidas, según los casos.

Art. 183. La duración de las penas temporales empezará á contarse desde el día en que la sentencia condenatoria hubiese quedado firme, estando preso el reo.

Caso de no estarlo, desde que sea reducido á prisión.

Art. 184. Los Tribunales harán en las sentencias abono de la mitad del tiempo de la prisión sufrida por los reos durante la sustanciación de la causa, siempre que las penas consistan en privación de libertad y no exceda su duración de tres años.

No disfrutarán de este beneficio los reincidentes en la misma especie de delito, los que por cualquier otro hubiesen sido condenados á una pena igual ó superior, los que se hubiesen fugado de las prisiones durante el curso de la causa y los reos de robo, hurto y estafa en todos casos.

Tampoco se hará dicho abono á los reos de deserción.

## CAPITULO IV.

### *Penas que llevan consigo otras accesorias.*

Art. 185. La pena de muerte llevará consigo la de degradación militar en los casos en que la Ley así lo disponga expresamente.

Cuando no se ejecute por haber sido indultado el reo, llevará consigo la pérdida de empleo para los Oficiales, y la expulsión de las filas del Ejército, con pérdida de todos los derechos adquiridos en él, para las clases de tropa.

Las mismas accesorias llevarán consigo las penas de reclusión.

La pena de prisión mayor y la de prisión correccional por más de tres años, llevarán consigo, para los Oficiales la separación del servicio, y para los individuos de las clases de tropa la deposición de empleo y el destino á un cuerpo de disciplina por el tiempo que después deban servir en las filas, descontándoles para todos los efectos el de la condena.

Las mismas accesorias se impondrán al condenado en una sola sentencia á varias penas, cuya duración exceda en unto de tres años.

Art. 186. La pena de prisión correccional por menos de tres años, llevará consigo la de suspensión de empleo para los Oficiales, y la de deposición de empleo para las clases de tropa.

Art. 187. Toda pena impuesta á Oficial por delitos contra la propiedad, llevará consigo como accesoria la de separación del servicio, aún en los casos en que por su naturaleza ó extensión no correspondiera ésta, con sugeción á las reglas generales.

Art. 188. Las penas comunes comprendidas en esta Ley, llevarán consigo las accesorias á ellas señaladas en el Código penal ordinario, y las que se asignan á las militares de la propia clase respectiva.

En cuanto á las restantes, comprendidas también en esta Ley, se observarán las disposiciones siguientes:

Las mismas accesorias que las de reclusión, llevarán consigo las de cadena y presidio mayor.

La de presidio correccional, cualquiera que sea su duración, llevará siempre consigo la separación del servicio para los Oficiales y para los individuos de las clases de tropa la deposición de empleo y el destino á un cuerpo de disciplina, por el tiempo que después deban servir en filas, descontándoles para todos los efectos el de la condena.

Art. 189. Toda pena que se imponga por delito, llevará consigo la pérdida de los efectos que de él provengan, y de los instrumentos con que se hubiere ejecutado, debiendo inutilizarse éstos si no son de uso lícito, venderse, si lo son, ó devolvérselo á su dueño, si siéndolo, pertenecen á un tercero irresponsable.

## CAPITULO V.

### *De los efectos de las penas.*

Art. 190. La pena de pérdida de empleo producirá la salida definitiva del Ejército, con la privación de grados, sueldos, pensiones, honores y derechos militares que correspondan al penado, así como la incapacidad para obtenerlos en lo sucesivo.

Art. 191. La pena de separación del servicio producirá la licencia absoluta ó el retiro del penado, si tuviere á él derecho.

En caso de obtener la licencia absoluta, quedará sujeto á la Ley de reclutamiento y reemplazo del Ejército en lo que le sea aplicable.

El condenado á la pena de separación del servicio, como accesoria, quedará privado, durante el cumplimiento de la principal, de honores y consideraciones, así como del sueldo que le corresponda por su situación pasiva.

Art. 192. La pena accesoria de degradación militar producirá los efectos de la degradación civil y los propios de la principal á que vaya unida.

Art. 193. La pena accesoria de suspensión de empleo privará de todas las funciones del mismo, y del sueldo y ascensos que correspondan al penado, durante la condena, cuyo tiempo no le será de abono en el servicio, ni para la antigüedad en su empleo.

Art. 194. El suspenso de empleo disfrutará, no obstante lo dispuesto en el artículo anterior, la tercera parte del sueldo de su empleo en activo como pensión alimenticia.

Art. 195. La pena accesoria de deposición de empleo producirá la pérdida del que posea el penado, el cual no podrá obtener ningún otro durante el cumplimiento de la pena principal.

Art. 196. La pena accesoria de destino á un Cuerpo de disciplina, producirá el ingreso del penado en el que de esta clase se le señale, por el tiempo que en él deba extinguir.

Art. 197. El militar condenado á una pena de las que producen la salida definitiva del Ejército, cumplirá en cuerpo de disciplina el tiempo que le falte para extinguir el de servicio activo, con arreglo á la Ley de Reclutamiento y Reemplazo.

Los individuos de los Cuerpos de Alabarderos, Escolta Real, Carabineros y Guardia Civil, extinguirán siempre en cuerpo de disciplina el tiempo á que se refiere el párrafo anterior, cualquiera que sea la pena á que hubieren sido condenados.

Art. 198. La pérdida ó comiso de los instrumentos y efectos del delito, tiene por objeto aplicar su importe al ofendido, al damnificado ó al Estado respectivamente, á no ser que aquéllos pertenezcan á un tercero, en cuyo caso le serán devueltos, siendo de uso lícito.

Art. 199. Los efectos de las penas no serán materia de indulto, una vez extinguidas las principales de que se deriven.

Art. 200. Las penas impuestas á los militares no privarán á sus familias de los derechos que tengan adquiridos hasta la sentencia condenatoria del causante.

## CAPÍTULO VI.

### *De los efectos especiales que producen para los militares las penas de la Ley común no comprendidas en esta Ley*

Art. 201. Las penas de la Ley común que á continuación se expresan, cuando fueren impuestas á Oficiales, producirán los efectos siguientes:

Las perpétuas de relegación, extrañamiento é inhabilitación absoluta, y la de confinamiento, la separación del servicio.

Las de inhabilitación especial perpétua ó temporal para cargos públicos, profesión ú oficio, la separación del servicio en caso que la inhabilitación recaiga sobre cargo militar ú ocasione incompatibilidad con los deberes del servicio.

La de destierro la cumplirá el penado conforme á la sentencia, en el punto que se le designe, en situación de cuartel ó de reemplazo, según su clase, no siéndole de abono para el servicio ni antigüedad el tiempo que dure la condena.

La de suspensión de cargo público, profesión ú oficio, producirá para los Oficiales la suspensión del empleo militar por todo el tiempo que dure la condena, y para los individuos de las clases de tropa el destino á un cuerpo de disciplina por el tiempo que les reste de servicio. Si aquélla tuviese mayor duración, extinguirá el que le reste como los reos extraños al Ejército.

Art. 202. Para los individuos de las clases de tropa, los efectos de las penas designadas en el artículo anterior serán los siguientes:

Las de relegación y extrañamiento, la obligación de volver al Ejército á cumplir el tiempo que les reste de su empeño, extinguida que sea la condena.

Las de confinamiento, inhabilitación y destierro, el

destino á un cuerpo de disciplina por el tiempo que al penado le reste de servicio, y si la pena tuviese más duración, extinguirá el que le falte como los reos extraños al Ejército.

Art. 203. Los Tribunales militares expresarán en las sentencias las penas accesorias y los efectos especiales respectivamente señalados en esta Ley.

## CAPITULO VII.

*De los efectos especiales que producen las penas canónicas en los individuos del Cuerpo eclesiático del Ejército.*

Art. 204. Las penas canónicas impuestas por auto ó sentencia firme de Tribunal competente, producirán los siguientes efectos:

La degradación, deposición y excomunión en cualquier caso, la pérdida de empleo.

La suspensión y entredicho por más de un año, la separación del servicio.

Las mismas penas impuestas por menor tiempo de un año, la suspensión de empleo ó la separación del servicio, en caso de reincidencia.

La irregularidad proveniente de delito, la suspensión de empleo; á no ser que el Capellán que hubiere incurrido en ella, se encuentre sufriendo una pena canónica, en cuyo caso será considerada como reincidencia para los efectos de los párrafos anteriores

Tres expedientes canónicos, gubernativos ó judiciales, terminados por auto ó sentencia condenatoria, la separación del servicio.

Art. 205. Para el cumplimiento de las correcciones impuestas por faltas de las que conoce exclusivamente la jurisdicción eclesiástica, las Autoridades y Jefes militares prestarán el auxilio necesario, supliéndose la vacante que pueda resultar, en forma reglamentaria.

## CAPITULO VIII.

*De la aplicación de las penas.*

Art. 206. Las penas de pérdida de empleo, separación del servicio y suspensión de empleo, sólo serán aplicables á los Oficiales; la deposición de empleo á sargentos y cabos, y la de destino á un cuerpo de disciplina á todos los individuos de las clases de tropa.

Art. 207. No se aplicarán las disposiciones penales de esta ley á los individuos de las clases de tropa, sin que conste habérseles leído antes de delinquir.

Cuando no se acredite haberse hecho dicha lectura en la forma prevenida al efecto, aplicarán los Tribunales las penas de la ley común si el delito tuviese previsto en ella.

Art. 208. A pesar de lo dispuesto en el párrafo 1º del artículo anterior, se aplicarán siempre al militar las disposiciones de esta ley, aunque previamente no hubiese sido enterado de ellas, cuando se trate delitos en que también se hallen comprendidas las personas no militares.

Art. 209. Cuando la pena señalada al delito fuese alternativa, el Tribunal elegirá la que crea mas adecuada al caso.

Art. 210. Cuando corresponda imponer á un militar la pena de multa, en conformidad á la ley común, se sustituirá por arresto si hubiere de considerarse correccional, y por un año de prisión de esta clase si se reputase aflictiva según lo dispuesto en el Código ordinario.

Si el penado tuviese bienes propios con que satisfacer la multa, lo verificará así siempre que á este fin no haga uso de su sueldo.

En uno y otro caso, la multa llevará consigo la pérdida del tiempo para el servicio y de antigüedad en el empleo, si excediera de 300 pesetas.

Art. 211. Al menor de quince años y mayor de nueve, á quien no se declare exento de responsabilidad criminal, se le pondrá una pena discrecional, pero siempre inferior á la señalada al delito.

Al mayor de quince años y menor de diez y ocho se le impondrá la pena inmediatamente inferior á la señalada al delito.

Art. 212. Al culpable de dos ó más delitos se impondrán las penas correspondientes á todos ellos para su cumplimiento simultáneo; y si de esto fuese posible, las cumplirá sucesivamemte en el orden de mayor á menor, no pudiendo exceder el total de su duración del triple tiempo de la mayor, y dejando de imponerse las que de él excedan.

En ningún caso podrán imponerse las que pasen de cuarenta años, computándose para este efecto en treinta la duración de las penas perpétuas.

Art. 213. Cuando un sólo hecho constituya dos ó más delitos, ó cuando uno de ellos sea medio necesario para cometer el otro, se impondrá la pena asignada al delito más grave en toda su extensión, pero sin que pueda aplicarse la de muerte cuando no corresponda á ninguno de ellos, penados separadamente.

Si el delito ó falta cometido fuese distinto del que se había propuesto ejecutar el culpable, se impondrá á este en su mayor extensión la pena señalada al delito que la tenga menor.

Art. 214. Cuando para aplicar la pena correspondiente con arreglo á esta ley, hubiese que bajar de la prisión correccional, se considerará el hecho como falta grave imponiéndose arresto en la extensión que el Tribunal estime justa.

Art. 215. Para aplicar las penas especialmente señaladas en esta ley, según los casos, se observarán las reglas siguientes:

1ª Se considerarán actos ó asuntos del servicio todos los que tengan relación con los deberes que impone al militar su permanencia en el Ejército.

2ª Se entenderá que las tropas están al frente del enemigo cuando, hallándose dentro del territorio declarado en estado de guerra ó en operaciones de campaña, exista notoriamente en el mismo ó en sus aguas marítimas jurisdiccionales cualquier fuerza enemiga y armada.

3ª Se considerará á las tropas al frente de rebeldes ó sediciosos, siempre que haya dentro, ó á la vista de la localidad, campamento ó posición que aquéllas ocupen, cualquier grupo ó fuerza armada en actitud rebelde ó sediciosa aún cuando no hubiese precedido declaración formal del estado de guerra.

4ª Se reputa que las tropas se hallan en campaña, cuando residan ú operen en las plazas ó territorios declarados en estado de guerra, aunque cuando no aparezca ostensiblemente ningún enemigo armado, así como siempre que por precaución ú otras razones de Estado ordenen las Autoridades militares que las tropas practiquen el servicio como en campaña.

## TITULO III.

### De la extinción de la responsabilidad penal.

Art. 216. La responsabilidad penal por los delitos comprendidos en esta Ley, se extingue con sugeción á las mismas reglas del Código ordinario.

Art. 217. La acción penal y la pena, por el delito de deserción, prescriben cuando el desertor hubiese cumplido cincuenta años de edad, ó contraído inutilidad física para todo servicio de armas ó mecánico en el Ejército.

En todo caso, el desertor no podrá permanecer en el servicio después de cumplida dicha edad.

Art. 218. La extinción de la responsabilidad penal por cualquier causa que no sea la muerte del reo, no eximirá á éste de las que con relación al servicio militar imponga la Ley de Reclutamiento y Reemplazo en sus respectivos casos.

## TITULO IV.

### De la responsabilidad civil que nace del delito.

Art. 219. Toda persona responsable criminalmente de un delito lo es también civilmente, con sujeción á los preceptos del Código penal común.

Art. 220. La declaración de la responsabilidad civil que pueda resultar contra personas no sometidas al procedimiento criminal militar corresponde á la jurisdicción ordinaria.

Si dicha responsabilidad recae en individuos del Ejército por actos ú omisiones referentes al servicio militar, será apreciada y exigida gubernativamente por las Autoridades militares, conforme á los reglamentos.

Art. 221. La responsabilidad civil nacida del delito se extinguirá del mismo modo que las demás obligaciones con sujeción á las reglas del derecho civil.

# TITULO V.

## DELITOS CONTRA LA SEGURIDAD DE LA PATRIA.

## CAPITULO PRIMERO.

### *Delitos de traición.*

Art. 222. Será castigado con la pena de muerte, previa degradación en su caso, el comprendido en alguno de los números siguientes:

1º Que abandonando sus banderas, entre á formar parte del Ejército enemigo.

2º Que induzca á una potencia extrangera á declarar la guerra á España, ó se concierte con ella para el mismo fin.

3º Que se levante en armas para desmembrar alguna parte del territorio nacional.

Los individuos de la clase de tropa que no siendo Jefes ó promovedores incurran en este delito, sufrirán la pena de cadena temporal ó perpétua.

4º Que, por favorecer al enemigo, le entregue la fuerza que tenga á sus órdenes, la plaza ó puesto confiado á su cargo, la bandera, las provisiones de boca ó guerra ó le proporcione cualesquiera otros recursos ó medios de ofensa ó defensa.

5º Que seduzca tropa española, ó que se halle al servicio de España, para que se pase á las filas enemigas ó deserte de sus banderas en tiempo de guerra.

6º Que estando en acción de guerra ó dispuesto á entrar en ella, se fugue en dirección al enemigo.

Se considerará que la fuga se ha verificado con dirección al enemigo, cuando el acusado no justifique que el delito cometido fué otro distinto.

7º Que directa ó indirectamente mantenga relaciones con el enemigo sobre las operaciones de la guerra.

Art. 223. Incurrirá en la pena de cadena perpétua á muerte, previa degradación en su caso:

1º El que facilite al enemigo el santo, seña ó contraseña, planos, estados de fuerza, órdenes circuladas por las líneas telegráficas ú otros datos ó noticias que puedan favorecer sus operaciones ó perjudicar las del Ejército nacional.

2º El que malverse caudales ó efectos del Ejército en campaña y con daño de las operaciones de la guerra ó perjuicio de las tropas.

3º Que falsifique un documento referente al servicio militar, ó haga á sabiendas uso de él cuando se emplee para causar perturbaciones ó quebrantos en las operaciones de la guerra, ú ocasione la entrega de una plaza ó puesto militar.

4º Que dé á sus superiores maliciosamente noticias contrarias á lo que supiere acerca de las operaciones de la guerra.

5º Que en plaza sitiada ó bloqueada ó en operaciones de campaña promueva algún complot ó seduzca alguna fuerza para obligar al que mande á rendirse, capitular ó retirarse.

Los individuos de las clases de tropa y las personas no militares que en este caso no sean Jefes ó promovedores, sufrirán la pena de cadena temporal á perpétua.

6º Que en campaña ó territorio declarado en estado de guerra, inutilice de propósito caminos, vias férreas, comunicaciones telegráficas ó de otra clase y sus aparatos, cause averías que interrumpan el servicio, destruya canales, puentes, obras de defensa, armas, municiones, ó cualquier otro material de guerra ó víveres para el aprovisionamiento del Ejército, intercepte convoyes ó correspondencia, ó de cualquier otro modo malicioso ponga entorpecimientos á las operaciones del Ejército ó facilite las del enemigo.

Art. 224. Sufrirá la pena de cadena temporal á muerte:

1º El que prestando el servicio de guía para las operaciones de la guerra desvíe intencionalmente del verdadero camino ó de la dirección que se le marque por los Jefes de las fuerzas del Ejército que de él se valgan.

2º Que en el territorio de las operaciones de la guerra á la vista del enemigo, propale especies, dé voces, ó ejecute actos que puedan producir la dispersión de las tropas.

3º El prisionero de guerra que falte á la palabra empeñada de no volver á tomar las armas contra el Ejército nacional.

Art. 225. El militar que teniendo conocimiento de que se intenta cometer el delito de traición, no dé parte á sus superiores tan pronto como pueda, será condenado como si lo hubiera rometido.

Art. 226. Quedará exento de pena el complicado en el delito de traición que lo revele antes de comenzarse á ejecutar y á tiempo de poder evitar sus consecuencias.

Art. 227. La conspiración para el delito de traición se castigará con las penas inmediatamente inferiores á las señaladas al mismo en los respectivos casos.

La proposición, con la de presidio mayor.

## CAPITULO II.

### *Delitos de espionaje.*

Art. 228. Incurrirá en la pena de muerte, previa degradación, si fuere militar, y en la de cadena perpétua á muerte si no lo fuere:

1º El que subrepticiamente, ó con disfraz, se introduzca sin objeto justificado en las plazas de guerra ó puestos militares, ó entre las tropas que operen en campaña.

2º El que conduzca comunicaciones, partes ó pliegos del enemigo, no siendo obligado á ello, ó caso de serlo, no los entregue á las Autoridades ó Jefes del Ejército, al encontrarse en lugar seguro, ó no los inutilice ú oculte para que no le sean ocupados.

3º El que en tiempo de guerra, sin la competente autorización, practique reconocimientos, levante planos ó saque cróquis de las plazas, puestos militares, puertos, arsenales ó almacenes que pertenezcan á la zona de las operaciones militares, sea cualquiera la forma en que lo ejecute.

El que en tiempo de paz cometa el mismo delito será castigado con la pena de presidio mayor.

Art. 229. El que deje de llevar á su destino, pudiendo hacerlo, los pliegos que se le confien sobre operaciones de la guerra, será condenado á la pena de cadena temporal á muerte.

En la misma pena incurrirá el que proteja, oculte, ó de otro modo favorezca á los espías.

Art. 230. La conspiración para cometer el delito de espionaje se castigará con las penas inmediatamente inferiores á las señaladas al mismo en los respectivos casos.

La proposición, con la de presidio correccional.

## CAPITULO III.

*Delitos contra el derecho de gentes, devastación y saqueo.*

Art. 231. Incurrirá en la pena de reclusión temporal á muerte:

1º El militar que sin motivo justificado ó sin autorización competente ejecute actos de manifiesta hostililidad contra una nación extranjera.

2º El que viole tregua, armisticio, capitulación ú otro convenio celebrado con el enemigo, siempre que de sus resultas sobreviniese una delaración de guerra ó se produjesen violencias ó represalias.

En otro caso, la pena será de prisión correccional á prisión mayor.

Art. 232. Sufrirá la pena de prisión correccional á prisión mayor, el militar que en tiempo de guerra cometa cualesquiera de los delitos siguientes:

1º Obligar á los prisioneros de guerra á combatir contra sus banderas; maltratarlos de obra, injuriarlos gravemente ó privarlos de la curación ó el alimento necesario.

2º Atacar sin necesidad hospitales ó asilos de beneficencia, dados á conocer por lor signos establecidos para tales casos.

3º Destruir en territorio amigo ó enemigos templos, bibliotecas, museos, archivos, acueductos ú obras notables de arte, así como vías de camunicación, telegráficas ó de otra clase, sin exigirlo las operaciones de la guerra.

4º Ofender de obra ó de palabra á un parlamentario.

Art. 233. Serán castigados con la pena de cadena perpétua á muerte, previa degradación, los militares que, prescindiendo de la obediencia á sus Jefes, incendien ó destruyan edificios ú otras propiedades, saqueen á los habitantes de los pueblos ó caseríos, ó cometan actos de violencia en las personas.

A los promovedores y al de mayor empleo, les será impuesta siempre la pena de muerte.

Art. 234. El militar que maliciosamente destruya, inutilice ó sustraiga libros, registros ú otros documentos de interés que pertenezcan á las Autoridades, Cuerpos ó dependencias del Ejército, así como despachos telegráficos ó cinta de la estación en que se halle de servicio ú otra clase de correspondencia oficial, incurrirá en la pena de presidio correccional á presidio mayor.

Art. 235. El que despoje de sus vestidos ú otros efectos á un herido ó prisionero de guerra para apropiárselos, sufrirá la pena de presidio mayor.

La pena podrá elevarse hasta la de muerte, si al despojar al herido le causase otras lesiones ó agravase notablemente su estado.

Art. 236. El militar que en la guerra despoje y se apropie del dinero ó alhajas que sus compañeros de armas, muertos en el campo, llevaren sobre sí será castigado como reo de robo con violencia en las personas.

## TITULO VI.

### DELITOS CONTRA LA SEGURIDAD DEL ESTADO Y DEL EJÉRCITO.

### CAPITULO PRIMERO.

*Rebelión.*

Art. 237. Son reos del delito de rebelión militar los que se alcen en armas contra la Constitución del Estado, contra el Rey, los Cuerpos Colegisladores ó el Gobierno legítimo, siempre que lo verifiquen concurriendo alguna de las circunstancias siguientes:

1ª Que estén mandados por militares, ó que el movimiento se inicie, sostenga ó auxilie por fuerzas del Ejército.

2ª Que formen partida militarmente organizada y compuesta de 10 ó más individuos.

3ª Que formen partida en menor número de 10, si en distinto territorio de la Nación existen otras partidas ó fuerzas que se proponen el mismo fin.

4ª Que hostilicen á las fuerzas del Ejército antes ó después de haberse declarado el estado de guerra.

Art. 238. Los reos de rebelión militar serán castigados:

1º Con la pena de muerte el Jefe de la rebelión y el de mayor empleo militar, ó más antiguo, si hubiere varios del mismo que se pongan á la cabeza de la fuerza rebelde de cada cuerpo y de la de cada compañía, escuadrón, batería, fracción ó grupo de estas unidades.

2º Con la de reclusión perpétua á muerte, los demás no comprendidos en el caso anterior, los que se adhieran á la rebelión en cualquier forma que lo ejecuten y los que valiéndose del servicio oficial que desempeñen, propalen noticias ó ejecuten actos que puedan contribuir á favorecerla.

Art. 239. Quedarán exentos de pena:

1º Los meros ejecutores de la rebelión que se sometan á las Autoridades legítimas antes de ejecutar actos de violencia, y en la forma y tiempo que marquen los bandos publicados al efecto.

2º Los que hallándose comprometidos á realizar el delito de rebelión, la denuncien antes de empezar á ejecutarse y á tiempo de evitar sus consecuencias.

Art. 240. La seducción y auxilio para cometer la rebelión militar, cualquiera que sea el medio empleado para conseguirlo, se castigará con la pena de reclusión temporal.

La provocación, inducción y excitación para cometer el mismo delito, cualquiera que sea el medio empleado para conseguirlo, se castigará con prisión mayor.

Art. 241. La conspiración para el delito de rebelión se castigará con las penas inmediatamente inferiores á las señaladas al mismo en los respectivos casos.

La proposición, con la de prisión correccional.

Art. 242. Los delitos comunes cometidos en la rebelión, ó con motivo de ella, serán castigados, en conformidad á las leyes, con independencia del de rebelión.

Cuando no pueda descubrirse á sus verdaderos autores, serán penados como tales los jefes principales de la rebelión á cuyas inmediatas órdenes estuvieren los rebeldes que los cometan.

## CAPITULO II.

### *Sedición.*

Art. 243. Los militares que, en número de cuatro ó más, reusen obedecer á sus superiores, hagan reclamaciones ó peticiones en tumulto, ó se resistan á cumplir sus deberes, serán castigados·

Cuando el delito tenga lugar al frente del enemigo, ó de rebeldes ó sediciosos, en actos del servicio, dentro del cuartel, acudiendo á las armas ó ejerciendo violencias contra los superiores, con la pena de muerte el que lleve la voz ó se ponga al frente de la sedición, los promovedores y el de mayor empleo ó el más antiguo, si hubiere varios del mismo, de los que tomen parte en el delito.

Con la de reclusión militar temporal á reclusión militar perpétua los meros ejecutores.

Con la de prisión militar correccional á prisión militar mayor en los demás casos.

Art. 244. Será considerado siempre como promovedor del delito de sedición el militar que, estando la tropa sobre las armas, ó reunida para tomarlas, levante la voz en sentido subversivo, ó de otro modo escite á la comisión de aquél delito.

Cuando en el acto no se descubra al que dé la voz, sufrirán la pena de reclusión militar temporal á reclusión militar perpétua los seis individuos que los Jefes allí presentes conceptúen más próximos al sitio de donde hubiere salido aquélla. Quedarán exentos de pena, si señalan al verdadero culpable.

Art. 245. El militar que, sin objeto lícito conocido y sin la autorización competente, saque fuerzas armadas de una plaza, destacamento ó cuartel, será castigado con la pena de prisión militar mayor á reclusión militar temporal, siempre que el hecho no constituya otro delito.

Art. 246. Se considerarán también reos del delito de sedición á los que hagan reclamaciones ó peticiones colectivas en voz de cuerpo, con las armas en la mano, aunque no se promueva tumulto, ó en otra forma que no se ajuste extrictamente á las leyes.

En tales casos, se impondrán respectivamente las penas inferiores en dos grados á las señaladas al delito.

Art. 247. Cuando en las reclamaciones ó peticiones por escrito no aparezca ninguno haciendo cabeza, se tendrá por tal al que firme el primero en el orden de izquierda á derecha y de arriba á abajo.

Si no consta el promovedor, serán todos considerados como meros ejecutores.

Atr. 248. Asímismo serán reputados culpables de sedición y tenidos como cabeza ó motores de ella, incurriendo en la misma pena señalada á éstos, los que seduzcan tropas para promover por cualesquiera actos directos la insubordinación en las filas del Ejército.

Are. 249. Será castigado con la pena correccional el que de palabra, por escrito ó valiéndore de cualquier otro medio, vierta entre las tropas especies que puedan infundir disgusto ó tibieza en el servicio, ó que murmure de él.

Art. 250. El militar que en una pendencia ó para fines exclusivamente personales, llame en su ayuda á centinela, regimiento, compañía, piquete ó guardia, sufrirá la pena de prisión militar correccional.

Art. 251. La conspiración para el delito de sedición se castigará con las penas inmediatamente inferiores á las señaladas al mismo en los respectivos casos.

La proposición, con la prisión militar correccional.

### Disposición comun á los dos capitulos anteriores.

Art. 252. El militar que no emplee todos los medios que estén á su alcance para contener la rebelión en las fuerzas de su mando ó que teniendo conocimiento de que se trata de cometer este delito, no lo denuncie á sus superiores, incurrirá en la pena de prisión militar mayor.

La misma negligencia en el cumplimiento de los deberes respecto al delito de sedición, será castigada con la pena de prisión militar correccional ó la de separación del servicio.

## CAPITULO III.

### *Insulto á centinelas, salvaguardias y fuerza armada.*

Art. 253. Incurrirá en la pena de muerte:

1º El que en campaña maltrate de obra á centinela ó salvaguardia.

2º El que cometa el mismo delito, no siendo en campaña, contra centinela, salvaguardia ó fuerza armada, si causare muerte ó lesiones que dejen al ofendido imbécil, impotente ó ciego, privado de miembro principal, impedido de él ó inutilizado para el trabajo á que hasta entonces se hubiere dedicado habitualmente.

Art. 254. Fuera de los casos comprendidos en el artículo anterior, el que maltrate de obra á centinela, salvaguardia ó fuerza armada, será castigado:

1º Con la pena de reclusión temporal á reclusión perpétua, si causare lesiones que produzcan al ofendido, cuando menos, inutilidad para el trabajo por ocho días ó exijan asistencia facultativa por igual tiempo.

2º Con la de prisión mayor á reclusión temporal, si las lesiones fuesen de menor importancia.

Art. 255. El que ponga mano á una arma ofensiva ó ejecute actos ó demostraciones con tendencia á ofender de obra á centinela, salvaguardia y fuerza armada, incurrirá en la pena inmediatamente inferior á la señalada al delito en los dos artículos anteriores, según los casos.

Art. 256. El que ofenda de palabra á centinela, salvaguardia ó fuerza armada, será castigado con la pena de prisión correccional.

Art. 257. Se considerará centinela para los efectos de los artículos anteriores el encargado del servicio telegráfico militar, y el imaginaria en el ejercicio de sus funciones dentro del cuartel.

Se reputa asímismo fuerza armada á toda pareja encargada de la conducción de pliegos ú órdenes.

Art. 258. El que de palabra, por escrito ó en otra forma equivalente, injurie ú ofenda clara ó encubiertamente al Ejército ó á instituciones, armas, clases ó cuerpos determinados del mismo, incurrirá en la pena de prisión correccional.

## TITULO VII.

### DELITOS CONTRA LA DISCIPLINA MILITAR.

### CAPITULO PRIMERO.

*Insubordinación.*

**Sección primera.**

Insulto á superiores.

Art. 259. Incurrirá en la pena de muerte el militar que en acto de servicio de armas ó con ocasión de él, maltrate á un superior en empleo ó mando con arma blanca ó de fuego, palo, piedra ú otro objeto capaz de producir la muerte ó lesiones graves, aunque el maltratado no sufra daño alguno.

Si el maltrato de obra se verifica sin armas ó instrumentos de los enunciados en el párrafo anterior, se impondrá la pena de reclusión perpétua á muerte.

Art. 260. El militar que en acto del servicio, ó con ocasión de él, maltrate de obra á un superior en empleo ó mando causándole la muerte ó lesiones graves, incurrirá en la pena de muerte.

Si el maltrato se verifica con empleo de armas ó instrumento ofensivo de los enumerados en el párrafo primero del artículo anterior, aunque el maltratado no resulte con lesión alguna, se castigará con la pena de reclusión temporal á reclusión perpétua.

Art. 261. Fuera de los casos comprendidos en el anterior, el militar que maltrate de obra á un superior en empleo ó mando incurrirá en la pena de prisión militar mayor ó pérdida de empleo si fuese Oficial; en la de prisión militar mayor á reclusión militar temporal si el agresor fuese individuo de las clases de tropa y el ofendido Oficial y en la de prisión militar correccional á prisión militar mayor si éste último fuera sargento ó cabo.

Se impondrá en todos los casos del párrafo anterior la pena de reclusión militar perpétua á muerte cuando del maltrato al superior resulte la muerte de éste ó lesiones que le dejen imbécil, impotente ó ciego, privado de miembro principal, impedido de él ó inutilizado para el trabajo á que hasta entónces se hubiere dedicado habitualmente.

Art. 262. El que ponga mano á una arma ofensiva ó ejecute actos ó demostraciones con tendencia á ofender de obra á un superior, incurrirá en la pena inmediatamente inferior á la señalada al delito en los dos artículos anteriores según los casos.

Art. 263. Si el maltrato de obra al superior tuviese lugar por haber sido el inferior ofendido en su honra como marido ó padre, en los casos previstos en el art. 438 del Código penal ordinario, se aplicarán las disposiciones de éste.

Art. 264. El militar que en acto del servicio ó con ocasión de él ofenda á un superior en empleo ó mando, de palabra, por escrito ó en otra forma equivalente, incurrirá en la pena de prisión militar correccional á prisión militar mayor.

Art. 265. Fuera de los casos comprendidos en el artículo anterior, el militar que ofenda á un superior en empleo ó mando, de palabra, por escrito ó en otra forma equivalente, incurrirá en la pena de prisión militar correccional si fuese Oficial, y en la de prisión militar correccional á prisión militar mayor, si el ofensor fuera individuo de las clases de tropa y el ofendido Oficial.

## Sección segunda.

### *Desobediencia.*

Art. 266. El militar que al frente del enemigo ó de rebelde ó sediciosos, desobedezca las órdenes de sus superiores relativas al servicio, incurrirá en la pena de muerte.

El que en el mismo caso deje de observar las que se le den, sufrirá la de prisión militar mayor á muerte.

Art. 267. Fuera de los casos comprendidos en el artículo anterior, el militar que desobedezca las órdenes de sus superiores relativas al servicio, será castigado con la pena de prisión militar correccional á prisión militar mayor.

### DISPOSICIONES COMUNES Á LAS DOS SECCIONES ANTERIORES.

Art. 268. Se considerará reo de insultos á superior ó desobediencia, al que cometa cualquiera de los delitos previstos en los artículos anteriores, aun cuando el superior no lleve la divisa de su empleo, si no se prueba que el inferior le desconoció al insultarle ó desobederle.

Si los delitos de insubordinación comprendidos en las dos secciones de este capítulo, se cometen en acto ó con ocasión de servicios esencialmente profesionales por individuos que disfruten consideración ó asimilación militar ó pertenezcan á Cuerpos auxiliares del Ejército, se impondrá la pena de prisión correccional cuando no se cause muerte ó lesiones graves al superior.

En estos últimos casos se aplicarán los artículos anteriores.

## CAPITULO II.

*Extralimitaciones en el ejercicio del mando.*

**Sección primera**

Abuso de autoridad.

Art. 269. El superior que se exceda arbitrariamente de sus atribuciones, irrogando perjuicio grave á un inferior, será castigado con la pena de prisión militar correccional.

La gravedad del perjuicio se apreciará según las consecuencias que ocasione.

**Sección segunda.**

*Usurpación de atribuciones.*

Art. 270. El militar que deliberada é indebidamente asuma ó retenga un mando, incurrirá en la pena de prisión militar correccional, á prisión militar mayor.

# TITULO VIII.

DELITOS CONTRA LOS FINES Y MEDIOS DE ACCIÓN DEL EJÉRCITO.

## CAPITULO PRIMERO.

*Abandono de servicio.*

Art. 271. El que mandando guardia, patrulla, avanzada ó cualquiera fuerza en servicio de armas ó prestando el de aparato telegráfico militar al frente del enemigo ó de rebeldes ó sediciosos, abandone su puesto, incurrirá en la pena de muerte.

Si el abandono de los servicios comprendidos en el párrafo anterior se verifica en campaña ó lugar declarado en estado de guerra, la pena será la de reclusión militar temporal.

En los demás casos, dicho abandono se castigará con prisión militar correccional, á prisión militar mayor.

Se considera cometido el abandono de los servicios expresados en este artículo, cuando el que se halle prestándolos se separe de su puesto á una distancia que le imposibilite ejercer la debida vigilancia ó cumplir las órdenes referentes al servicio que se halle prestando.

Art. 272. Cualquier otro militar que abandone los servicios señalados en el artículo anterior; que encargado del telegráfico militar, se ausente de la estación por más de 15 minutos, sin justificado motivo, aún sin estar de servicio de aparato; ó que abandone el servicio de cuadrilla destinada á la reparación de averías, será castigado:

1º Con la pena de reclusión militar temporal á muerte, si lo ejecuta al frente del enemigo, ó de rebeldes ó sediciosos.

2º Con la de prisión militar mayor, cuando el abandono se verifique en campaña ó lugar declarado en estado de guerra y no estuviere comprendido en el caso anterior.

3º Con la de prisión militar correccional en los demás casos.

Art. 273. El abandono de los servicios comprendidos en los dos artículos anteriores, mediando complot de tres ó más individuos que se hallen prestándolos, se considerará como sedición.

## CAPITULO II.

### *Negligencia.*

Art. 274. Incurrirá en la pena de prisión militar mayor á muerte, el Gobernador ó Comandante que pierda la plaza ó puesto militar que tenga á su cargo por no tomar las medidas preventivas, ó no pedir con tiempo los recursos necesarios para la defensa, cuando le conste el peligro de ser atacado.

Art. 275. Sufrirá la pena de prisión militar mayor ó la de pérdida de empleo, el Oficial que, por negligencia ú omisión en el cumplimiento de sus deberes, sea causa de daños considerables en las operaciones de guerra.

Art. 276. Incurrirá en la pena de prisión militar correccional á prisión militar mayor, el militar que no se halle en una alarma, campo de batalla, ú otra cualquier función de armas con la debida prontitud, sin justificación de causa legítima que se lo haya impedido.

Art. 277. Será castigado con la pena de prisión militar correccional:

1º El militar que no mantenga la debida disciplina en las tropas de su mando, ó no proceda con la energía necesaria para reprimir en el acto cualquier delito militar según los medios de que al efecto disponga.

2º El que sin incurrir en desobediencia ó en el delito previsto en el artículo 297, deje de cumplir sus deberes militares.

## CAPITULO III

*Denegación de auxilio.*

Art. 278. El militar que en operaciones de campaña no preste el auxilio que le sea reclamado por el Jefe de una fuerza comprometida, pudiendo hacerlo, será castigado con la pena de prisión militar correccional á muerte, según los casos.

## CAPITULO IV.

*Delitos contra los deberes del centinela.*

Art. 279. El centinela que no cumpla su consigna ó se deje relevar por otro que no sea su cabo ó quien haga sus veces, será castigado:

1º Con la pena de muerte, cuando el delito tenga lugar al frente del enemigo, ó de rebeldes ó sediciosos, si de sus resultas se sigue algún daño de consideración al servicio; y no siguiéndose, con la de reclusión militar temporal.

2º Con la de prisión militar mayor, ejecutándose el delito en campaña ó lugar declarado en estado de guerra, no estando al frente del enemigo ó de rebeldes ó sediciosos

3º Con la de prisión militar correccional en los demás casos.

Art. 280. El centinela que abandone su puesto al frente del enemigo, de rebeldes ó sediciosos, incurrirá en la pena de muerte; en campaña ó lugar declarado en estado de guerra, en la de reclusión militar temporal; en los demás casos, en la de prisión militar correccional á prisión militar mayor.

Art. 281. El centinela ó escucha que se halle dormido estando al frente del enemigo, de rebeldes ó sediciosos, incurrirá en la pena de prisión militar mayor.

## CAPITULO V.

### *Abandono de destino ó residencia.*

Art. 282. Comete el delito de abandono de destino ó residencia, el Oficial comprendido en los casos siguientes:

1º Que falte por tres días, que se considerarán transcurridos pasadas tres noches, del punto donde tenga su destino ó residencia.

2º Que no se presente en él, cumplida la licencia temporal de que hubiere disfrutado.

Art. 283. Incurre en la misma responsabilidad prevista en el artículo anterior:

1º El Oficial que dejare de presentarse en su destino en los plazos reglamentarios.

2º El Oficial que al recobrar su libertad como prisionero de guerra, deje de presentarse á las Autoridades competentes en el plazo de quince días, si se hallase en territorio nacional.

Si se hallare en territorio extranjero, empezará á contarse el mismo plazo para declararle reo de abandono de destino, ocho días después de no haber puesto los medios que tuviere á su alcance para regresar á su patria.

Art. 284. En tiempo de guerra ó en territorio declarado en tal estado, los plazos señalados en los artículos anteriores podrán ser reducidos por el Gobierno, y en los bandos de los Generales en Jefe del Ejército.

Art. 285. El Oficial que abandone su destino ó el punto de su residencia, no estando comprendido en el capítulo 1º de este título, será castigado:

1º Con la pena de reclusión militar perpétua á muerte, verificándolo al frente del enemigo, ó de rebeldes ó sediciosos.

2º Con la de prisión militar mayor, si lo ejecuta en operaciones de campaña fuera del caso del número anterior.

3º Con la de pérdida de empleo, en todos los demás casos, si dejare transcurrir dos meses desde la consumación del delito sin hacer su presentación á las Autoridades competentes.

## CAPITULO VI.

### Delitos de deserción.

#### Sección primera

*Deserción simple.*

Art. 286. Comete el delito de deserción, el individuo de las clases de tropa que habiendo sido sentenciado por la falta grave prevista en el artículo 319, deje de asistir á tres listas consecutivas de ordenanza, en los casos siguientes:

1º Abandonando el lugar de su destino, aunque transitoriamente y con autorización al efecto se halle rebajado de filas.

2º No presentándose en él, cumplida la licencia temporal de que hubiese disfrutado, ó la ilimitada en su caso.

Se consideran listas de ordenanza, para estos efectos, las de diana y retreta.

Art. 287. El desertor de segunda vez, sin circunstancias calificativas, será condenado en tiempo de paz á la pena de dos años de prisión militar correccional, y en tiempo de guerra, á cuatro años de igual pena.

La segunda deserción será simple ó calificada conforme á las circunstancias que en ellas concurran, cualquiera que hubiere sido el carácter de la primera.

#### Sección segunda

*Deserción al extranjero.*

Art. 288. El desertor al extranjero será castigado:

1º Si deserta por primera vez, con las penas de dos

años de prisión militar correccional en tiempo de paz, y con la de cuatro años de igual pena en tiempo de guerra.

2° Si deserta por segunda vez, con la pena de seis años y un dia de prisión militar mayor en tiempo de paz, y con la de diez años de igual pena en tiempo de guerra.

**Sección tercera.**

*Deserción con circunstancias calificativas.*

Art. 289. Son circunstancias calificativas de la deserción:

1ª La de desertar violentando puertas y ventanas.

2ª La de llevarse al desertar el caballo ó las armas que no constituyan parte del uniforme reglamentario que use el individuo de las clases de tropa fuera de los actos del servicio.

3ª La de desertar mediando complot de cuatro ó más.

4ª La de desertar al frente del enemigo, no cometiendo el delito previsto en el artículo 222, número 6.

Se entenderá que la fuga se verifica siempre con dirección al enemigo, y ha sido realizada, cuando el que la realiza rebasa la distancia ó zona previamente señalada por el Jefe de la tropa como límite de la plaza, poblado, campamento ó posición militar, y de no estar señalado este límite, cuando el fugado rebase las líneas ó puestos exteriores, la vanguardia, flanco ó retaguardia de las tropas en marcha, ó cuando sin previo permiso se aleje hasta ocultarse de la vista y oído de éstas.

Art. 290. Los comprendidos en el número 1º del artículo anterior, serán castigados con dos años de prisión militar correccional en tiempo de paz, y cuatro de igual pena en tiempo de guerra por la primera deserción; con seis años y un día de prisión militar mayor en tiempo de paz, y con diez de igual pena en tiempo de guerra por la segunda.

Los comprendidos en el número 2º, con cuatro años de prisión militar correccional en tiempo de paz, y con ocho de prisión militar mayor en tiempo de guerra por la primera; con diez años de prisión militar mayor en tiempo de paz, y con doce de igual pena en tiempo de guerra por la segunda.

Los comprendidos en el número 3º, con doce años de prisión militar mayor en tiempo de paz, y con diez y seis de reclusión militar temporal en tiempo de guerra por la primera; con la de veinte años de reclusión militar temporal en tiempo de paz, y con reclusión militar perpétua en tiempo de guerra por la segunda.

Los comprendidos en el número 4º con la de reclusión militar perpétua á muerte.

### Sección cuarta.

*Inducción, auxilio y encubrimiento para la deserción.*

Art. 291. El que induzca á la deserción será castigado con la misma pena que el desertor en los respectivos casos.

El que la auxilie, con la inferior en un grado á dicha pena.

El que la encubra, con la inferior en dos grados á la propia pena.

## CAPITULO VII.

*Inutilización voluntaria para el servicio.*

Art. 292. El individuo de las clases de tropa que se inutilice voluntariamente para eximirse del servicio militar, incurrirá en la pena de cuatro á seis años de prisión correccional.

## CAPITULO VIII.

*Celebración de matrimonios ilegales.*

Art. 293. Incurrirá en la pena que el Código ordinario establece para los Jueces municipales el Párroco que autorice matrimonio contraído por individuos de las clases de tropa antes de los plazos marcados en el artículo 332 de esta Ley.

## CAPITULO IX.

### *Delitos contra el honor militar.*

Art. 294. El que por cobardía sea el primero en volver la espalda al enemigo, incurrirá en la pena de muerte, y podrá en el mismo acto ser muerto para su castigo y ejemplo de los demás.

Art. 295. Incurrirá en la pena de reclusión militar perpètua á muerte:

1º El militar que sin haber empleado todos los medios de defensa que exigen las leyes del honor y del deber entregue al enemigo por capitulación, ó de otro modo no comprendido en el núm. 4º del art. 222, la plaza, puesto ó fuerza que tenga á su cargo.

2º Que comprenda en la capitulación por él estipulada, á fuerza ó puestos fortificados, que aun cuando dependan de su mando, no sean de las tropas ó lugares comprometidos en el hecho de armas que ocasione la capitulación.

3º Que contando con medios de defensa, se adhiera á la capitulación por otro estipulada, aunque lo haga por haber recibido órdenes de su Jefe ya capitulado.

4º Que ejerza coacción sobre un Jefe del Ejército para obligarle á capitular ó rendirse.

5º Que en una capitulación estipule para sí ó para alguna clase, condiciones más ventajosas que para los demás que tenga á sus órdenes.

Art. 296. El militar culpable de connivencia en la evasión de prisioneros de guerra ó de otros presos confiados á su custodia sufrirá la pena de prisión mayor á reclusión temporal.

Art. 297. El militar que con males supuestos ó cualquier otro pretexto se excuse de cumplir sus deberes, ó no se conforme con el puesto ó servicio á que fuere destinado, sufrirá en campaña, la pena de prisión militar mayor.

Art. 298. El militar que cometa actos deshonestos con individuos del mismo sexo, será castigado con la pena de presidio correccional.

Si media violencia, se impondrá la de presidio mayor á no constituir el hecho otro delito más grave.

Art. 299. Sufrirá la pena de pérdida de empleo:

1º El Oficial prisionero de guerra que acepte su libertad bajo palabra de no hacer armas contra el enemigo.

2º El oficial que sobre asuntos del servicio dé á sabiendas informe falso de palabra ó por escrito ó expida certificado de algún hecho en sentido contrario al que le conste.

Si se vale de términos ambíguos, misteriosos ó condicionales, á fin de naturalizar la verdad, será castigadó con pena de prisión correccional.

Se aplicarán las penas señaladas en los dos párrafos anteriores de este número, á no ser que el hecho constituya otro delito más grave.

Art. 300. Incurrirá en la pena de separación del servicio:

1º El Oficial que dé palo ó bofetada á otro Oficial ó ejecute en su persona algún hecho que imprima afrenta ó menosprecio.

2º Que exija dádivas en consideración á sus servicios.

3º Que por segunda vez asista á manifestaciones políticas ó por segunda vez también acuda á la prensa sobre asuntos del servicio sin estar debidamente autorizado.

4º Que por segunda vez contraiga deudas con individuos de las clases de tropa.

Art. 301. Incurrirá en la pena de prisión militar correccional.

1º El militar que recurra á sus Jefes produciendo queja ó agravio, fundados sólos en aseveraciones é imputaciones notoriamente falsas.

2º Que en demostración de menosprecio devuelva sus títulos, despachos, diploma ó nombramientos ó se despoje de sus divisas ó condecoraciones.

3º Que en campaña ó lugar declarado en estado de guerra, revele el santo y seña ó una orden reservada sobre el servicio, ó falte al secreto de la correspondencia telegráfica en los casos no comprendidos en el número primero del artículo 223.

Art. 302. El militar que destinado á perseguir la defraudación de las rentas públicas, quebrante su consigna tomando parte en dicho delito, incurrirá en la pena de [illegible]sidio correccional.

# TITULO IX.

## DELITOS CONTRA LOS INTERESES DEL EJÉRCITO.

## CAPITULO PRIMERO.

### *Fraudes.*

Art. 303. El militar que á sabiendas reclame haberes ó efectos para plazas supuestas será castigado con la pena de presidio correccional, si fuere individuo de las clases de tropa, y la de separación del servicio si fuere Oficial.

Art. 304. El individuo de las clases de tropa que enagene ó distraiga armas, municiones, prendas de equipo ú otros objetos que hubiere recibido para su uso en el servicio, incurrirá en la pena de presidio correccional hasta tres años, si el valor de lo defraudado excede de cincuenta pesetas.

En la misma pena incurrirá el militar que enagene ó distraiga aparatos, ó efectos de la estación telegráfica en que preste servicio, cualquiera que sea el valor de lo defraudado, á no constituir el hecho otro delito más grave.

## CAPITULO II.

### *Falsificación ó adulteración de víveres para el Ejército y falta de suministro de los mismos.*

Art. 305. El que á sabiendas suministre ó autorice el suministro á las tropas de víveres, reconocidamente averiados ó adulterados con sustancias nocivas á la salud, será castigado:

1º Con la pena de cadena temporal á muerte, si por virtud de adulteración resulta muerte.

2º Con la de presidio correccional á presidio mayor en los demás casos.

Si la adulteración se hubiere realizado con sustancias inofensivas, ó que no perjudiquen la salud, se impondrá la pena de presidio correccional.

Art. 306. El que estando encargado en tiempo de guerra de suministrar á las tropas víveres, municiones ó otros efectos, deje de hacerlo maliciosamente, será castigado con la pena de presidio mayor.

Si lo hiciere por descuido ó mera negligencia, incurrirá en la de prisión correccional.

## TITULO X.

### REINCIDENCIA EN FALTAS GRAVES.

Art. 307. El Oficial que cometa por cuarta vez falta grave que haya de ser juzgada como delito, con arreglo á lo prevenido en el artículo 339, será castigado con la pena de separación del servicio.

Art. 308. El individuo de las clases de tropa que cometa por cuarta vez falta grave comprendida en el artículo anterior, incurrirá en la pena de prisión militar correccional.

Art. 309. El individuo de las clases de tropa que habiendo sido destinado, por faltas, á un cuerpo de disciplina, reincida en cualquiera de las que pueden originar aquel castigo, sufrirá la pena de prisión correccional por el tiempo que le reste servir en dicho cuerpo, sin que pueda bajar de seis meses y un día.

## TITULO XI.

### FALTAS Y CORRECCIONES.

### CAPITULO PRIMERO.

#### *Disposiciones generales.*

Art. 310. Son faltas graves las acciones ú omisiones que se castigan mediante procedimiento especial, con las correcciones siguientes:

Para los Oficiales:

Suspensión de empleo de dos meses y un día á un año.

Arresto de dos meses y un día á seis meses.

Para los individuos de las clases de tropa:

Destino á un cuerpo de disciplina de uno á seis años.

Recargo en el servicio de dos meses á cuatro años.

Arresto de dos meses y un día á seis meses.

Art. 311. Son faltas leves las acciones ú omisiones

que se castigan directamente por los Jefes respectivos con las correcciones siguientes:

Para los Oficiales:

Arresto en su casa ó en banderas hasta ocho días; en castillo ú otro establecimiento militar, desde quince días hasta dos meses.

Apercibimiento.

Reprensión.

Para los individuos de las clases de tropa.

Deposición de empleo.

Arresto en el cuartel ó en la compañía hasta ocho días, en la prevención hasta quince, y en el calabozo hasta dos meses.

Los sargentos sufrirán este último arresto, con separación de los cabos y soldados.

Recargo en actos del servicio mecánico.

Art. 312. El arresto en castillo pueden imponerlo el Ministro de la Guerra, el Consejo Supremo de Guerra y Marina, los Generales en Jefe de Ejército, los Inspectores generales de las armas, los Capitanes generales de distrito, los Gobernadores de plaza de categoría de Oficial general, y los Generales de división y de brigada en las fuerzas á sus órdenes.

Los Jefes de los cuerpos solicitarán de la Autoridad que corresponda la imposición del arresto en castillo ú otro establecimiento militar.

Art. 313. Los recargos de los servicios mecánicos no se impondrán seguidos, si no alternando con un descanso igual á la duración del servicio.

Art. 314. La suspensión de empleo y el destino á un cuerpo de disciplina, impuestos como correcciones, producirán los mismos efectos que les señalan los artículos 113, 194 y 196 como penas accesorias.

El recargo en el servicio producirá un aumento en éste por el tiempo que la Ley señale, y además la deposición de empleo.

Producirá también el destino á un cuerpo de disciplina cuando el penado pertenezca al de Alabarderos, Escolta Real, Carabineros ó Guardia civil.

El arresto de dos meses y un día hasta seis meses, producirá la pérdida del tiempo de servicio, y por consiguiente, de la antigüedad durante el mismo.

La deposición de empleo producirá, además de la pérdida del mismo, el destino de los cabos á otra compañía, y el de los sargentos á otro cuerpo, previa la aprobación, con relación á estos últimos, del Inspector general del arma, mediante expediente.

Art. 315. Los indivíduos de tropa arrestados en cuartel, compañía y prevención harán el servicio que sus Jefes consideren oportuno.

Art. 316. La duración de las correcciones que consistan en privación de libertad, empezará á contarse desde que el interesado se halle á disposición del Jefe ó Autoridad competente para cumplirla.

Art. 317. No se impondrá ninguna corrección que no se halle establecida en esta Ley.

Art. 318. La responsabilidad penal por las faltas graves comprendidas en esta Ley, se extingue al año, á contar desde la fecha en que el culpable esté á disposición de las Autoridades militares.

La consiguiente á faltas leves se extingue á los dos meses, con sujeción á las mismas reglas del párrafo anterior.

## CAPITULO II.

### FALTAS GRAVES.

#### Sección primera.

*Primera deserción simple.*

Art. 319. Comete la falta de primera deserción el indivíduo de la clase de tropa que deje de asistir á las listas de ordenanza, ó de presentarse en el lugar de su destino en los términos y plazos señalados en el artículo 286.

Art. 320. Incurre en la misma responsabilidad prevista en el artículo anterior el indivíduo de las clases de tropa en los casos siguientes:

1º Cuando hallándose con licencia temporal ó en marcha de un punto á otro, deje de presentarse en el de su destino en el término de ocho días si residiese dentro del distrito, y de quince si estuviere fuera.

2º Cuando hallándose con licencia ilimitada por exceso de fuerza, haya ó no servido en filas, deje de presentarse en los plazos respectivos del número anterior, á con-. desde el día en que recibiese la orden de incorporación.

3º Cuando perteneciendo á las reservas, deje de presentarse en el término de quince días, á contar desde que se publique en cada zona la orden de concentración colectiva.

En los casos 2º y 3º será considerado como desertor el que por haber cambiado de residencia sin permiso, deje de recibir la orden de incorporación.

4º Cuando al recobrar la libertad como prisionero de guerra deje de presentarse á las Autoridades competentes en el propio plazo de quince días, si se hallare en territorio nacional; si se hallare en el extrangero, se empezará á contar el mismo plazo para declararle desertor ocho días después de no haber puesto los medios que tenga á su alcance para regresar á su patria.

Art. 321. En tiempo de guerra ó en territorio declarado en tal estado, los plazos señalados en los artículos anteriores podrán ser reducidos por el Gobierno y en los bandos de los Generales en Jefe de Ejército.

Art. 322. Al desertor por primera vez sin ninguna circunstancia calificativa, se le impondrán dos años de recargo en el servicio, en tiempo de paz, y cuatro en tiempo de guerra.

Si se presenta voluntariamente en tiempo de paz dentro de los ocho días siguientes al en que la deserción se considera cometido, será castigado con un mes de recargo por cada uno de los días que hubiere tardado en presentarse, sin que dicho recargo pueda bajar de dos meses.

Art. 323. Cuando corresponda castigar al desertor con recargo, se impondrá al inductor seis meses de arresto, cuatro al que auxilie la deserción y tres al que la encubra.

Art. 324. La deserción de los indígenas en el Ejército de Filipinas, se castigará con arreglo á las disposiciones que se dicten al afecto.

La de los destinados á cuerpo de disciplina se ajustará á las reglas establecidas para las demás deserciones, según los casos.

### Sección Segunda.

### *Abusos de Autoridad.*

Art. 325. El que maltratare de obra á un inferior será castigado con arresto militar, á no constituir el hecho delito.

Quedará, sin embargo, exento de pena cualquiera que sea el resultado del mal trato, si se prueba que éste tuvo por objeto contener por un medio racionalmente necesario los delitos flagrantes de traición, sedición, rebelión, insulto á superior, desobediencia en asunto del servicio, cobardía al frente del enemigo, devastación ó saqueo.

Art. 326. Será castigado con suspensión de empleo, siendo Oficial, y con destino á cuerpo de disciplina, siendo sargento ó cabo, el militar que con amenazas ú otros medios violentos, ó prevaliéndose de su jerarquía, cometa alguna de las faltas siguientes:

1ª Excederse arbitrariamente de sus facultades en el ejercicio de autoridad ó mando, sin causar perjuicio grave al inferior.

2ª Impedir presentar quejas ó hacer reclamaciones autorizadas por las leyes ó reglamentos.

Art. 327 El superior que al reprender á un oficial use palabras indecorosas ú ofensivas, será castigado con suspensión de empleo.

Art. 328. Será castigado con arresto militar el que obligue al inferior á ejecutar actos ajenos al servicio.

### Sección tercera.

### *De otras faltas graves.*

Art. 329. Será castigado con arresto militar ó suspensión de empleo:

1º El Oficial que abandone su destino ó puesto de residencia, no estando comprendido en el número 3º del artículo 285.

2º El militar que quebrante la prisión preventiva ó arresto.

3º Que haga uso de pasaporte, licencia ó cualquier otro documento legítimo expedido á favor de otra persona.

4º Que asista á manifestaciones políticas por primera vez, ó por primera vez también acuda á la prensa sobre asuntos del servicio.

Se considerarán para este efecto comprendidos en el párrafo anterior:

Los escritos contrarios á la disciplina ó al respeto debido á las Autoridades militares y superiores gerárquicos, ...ndo no constituyan responsabilidad más grave.

Las discusiones que susciten atagonismos entre los distintos cuerpos é institutos del Ejército, ó que promuevan disgusto ó falta de harmonía y fraternidad entre las clases militares.

La emisión de opiniones sobre actos del Monarca, del Gobierno y de las Autoridades y Jefes militares.

Las polémicas sobre proyectos de Ley de carácter militar presentados á las Cortes y en general sobre materias cuya resolución corresponda á los proderes del Estado.

Las peticiones por medio de la imprenta, y cuantas manifestaciones pueden considerarse comprendidas en el número 1º del artículo 231.

5º Que, siendo Oficial, contraiga por primera vez deudas con individuos de las clases de tropa, ó incurra por tercera vez en faltas de embriaguez, de asistir á juegos prohibidos ó de contraer deudas sin necesidad justificada.

El individuo de las clases de tropa que por tercera vez pernocte fuera del cuartel, se embriague no estando de servicio, asista á juegos prohibidos, contraiga deudas injustificadas, ó enajene prendas ó efectos de munición cuyo valor no exceda de cinco pesetas, será destinado á un cuerpo de disciplina.

La misma corrección se impondrá al que se embriague por segunda vez estando de servicio.

6º Que por negligencia extravíe sumarias, documentos ó papeles confiados á su cargo, ó por la misma causa sea culpable de la evasión de prisioneros de guerra ó de otros presos cuya custodia le estuviere encomendada.

7º Que haga uso de insignias, condecoraciones ú otros distintivos que no le correspondan.

8º Que con males supuestos ó cualquier otro pretexto, se excuse de cumplir sus deberes, ó no se conforme con el puesto ó servicio á que fuere destinado en tiempo de paz.

Art. 330. Será castigado con suspensión de empleo, ó destino á un cuerpo de disciplina, el militar que tolere en la tropa á sus órdenes falta de subordinación, murmuraciones contra el servicio. conversaciones contra los oficiales ó especies ó manifestaciones contrarias á la conformidad con que deben todos recibir el pan, prest, víveres, vestuario y demás asistencia, en el modo con que se les suministre, ó á la subordinación con que deben comportarse en todo sufriendo las fatigas y privaciones de la profesión armada, y no arreste á los culpables ó no dé cuenta inmediata á sus superiores.

Art. 331. El Oficial que admita dádivas en consideración á sus servicios será castigado con arresto ó suspensión de empleo.

Art. 332. Incurrirá en arresto militar:

1º El individuo de las clases de tropa que contraiga matrimonio antes de los plazos siguientes:

El de tres años y un día para los mozos en caja, los soldados en servicio activo y los reclutas en depósito ó condicionales.

El de un año para los que se hallen en esta última situación por haberse redimido ó sustituído ó por resultar excedente de cupo.

El de cuatro años y un día para los que sirvan en Ultramar.

2º El individuo de las mismas clases de tropa que reciba órdenes sagradas antes de los propios plazos, según las respectivas situaciones.

Extinguida la pena, ingresará en la reserva, cualquiera que sea el tiempo que le falte para cumplir el de servicio activo; y si en esta situación fuere llamado á las armas, con arreglo á la ley, será destinado á las funciones de su ministerio.

Art. 333. El que no cumplimente las ordenes relativas al servicio, incurrirá: siendo Oficial, en suspensión de empleo, y siendo individuo de las clases de tropa en destino á un cuerpo de disciplina, á no constituir el hecho delito.

Art. 334. Será castigado con arresto militar:

1º El militar que de palabra ú obra maltrate á alguna persona de la casa en que esté alojado, no constituyendo el hecho delito, ó que exija en la misma alguna cosa á que no tenga derecho.

2º Que en cuartel, campamento ó en cualquier otro lugar en que se hallen tropas reunidas, ponga mano á las armas para ofender á otro.

3º Que al cumplir una orden ó consigna maltrate de obra á alguna persona, sin necesidad justificada, á no constituir el hecho delito.

4º Que devuelva ó empeñe sus títulos, despachos, diplomas ó nombramientos.

5º Que haga reclamaciones ó peticiones en forma irrespetuosa.

6º El individuo de las clases de tropa que exija ó admita dádivas en consideración á sus servicios.

7º El centinela que se halle dormido no estando frente del enemigo ó de rebeldes ó sediciosos.

8º El individuo de las clases de tropa que enajene ó distraiga armas, municiones, prendas de equipo ú otros objetos que hubiese recibido para su uso en el servicio, si el valor de lo defraudado excede de 5 pesetas y no pasa de 50.

9º El militar que promueva suscripciones colectivas para hacer regalos, obsequios ó agasajos de cualquier especie á los superiores, los que tomen parte en las mismas y el que acepte la ofrenda, no estando tal manifestación debidamente autorizada.

10. El militar que constituído en autoridad, ó haciendo servicio de armas y requerido por Autoridades competentes de cualquier orden, no preste la cooperación que esté á su alcance, sin desatender sus deberes preferentes, para la administración de justicia ú otro servicio público de los que pueden exigir el auxilio del Ejército.

## CAPITULO III.

### *Faltas leves.*

Art. 335. Son faltas leves las de aseo personal, descuido en la conservación del vestuario, equipo, ganado, armas, municiones, cuarteles, alojamientos, utensilio ó efectos análogos, inexactitud en el cumplimiento de obligaciones reglamentarias ó impuestas para el régimen interior de los cuerpos, cantones ó campamentos, manifestaciones de disgusto ó tibieza en el servicio, omisión de saludo á los superiores ó el no devolverlo á iguales ó inferiores; las razones descompuestas ó réplicas desatentas al superior; la concurrencia á tabernas, casas de juego ó sitios de mala nota ó fama; actos contrarios á la dignidad militar; tomar parte en reyertas con compañeros ó paisanos; escándalo público, juego en los cuarteles, enagenar prendas ó efectos de munición, cuyo valor no exceda de cinco pesetas, em-

briaguéz, ausentarse por tiempo que no llegue á constituir otra falta ó delito, promover desórdenes ó ejecutar excesos en marchas y alojamientos, contravenir los bandos de policía y buen gobierno, observar vida desarreglada y licenciosa, contraer deudas y todas las demás que, no estando castigadas en otro concepto, consistan en el olvido ó infracción de un deber militar, infieran perjuicios al buen régimen del Ejército ó afecten al decoro con que las clases militares deban dar público ejemplo de moralidad, decencia y compostura, aunque las mismas faltas tengan señalada pena en el Código ordinario.

Art 336. El Oficial que cometa faltas de embriaguéz, de asistir á juegos prohibidos ó de contraer deudas sin necesidad justificada, sufrirá por la primera, reprensión y por la segunda dos meses de arresto.

Art. 337. El individuo de las clases de tropa que pernocte por primera vez fuera del cuartel, será castigado con un mes de arresto y con dos meses la segunda.

El que se embriague no estando de servicio, asista á juegos prohibidos, contraiga deudas injustificadas ó enajene prendas ó efectos de munición, cuyo valor no exceda de 5 pesetas, incurrirá en las mismas correcciones señaladas en el párrafo anterior.

El que se embriague estando de servicio, será castigado con dos meses de arresto la primera vez.

Art. 338. Las faltas leves no castigadas expresamente en esta ley, serán corregidas según el prudente arbitrio de los Jefes respectivos, con sujeción á las reglas generales aplicables en cada caso.

### DISPOSICIONES COMUNES Á LOS CAPITULOS ANTERIORES.

Art. 339. El militar que por cuarta vez cometa falta leve castigada con arresto, será juzgado como culpable de falta grave, imponiéndosele seis meses de aquel correctivo en todos los casos en que incurra en la cuarta, salvo cuando la segunda ó tercera constituyan por sí sola falta grave ó delito.

La segunda y tercera falta grave no castigadas como tales expresamente en esta ley, serán corregidas con una agravación prudencial del castigo impuesto á la anterior.

## TITULO PRELIMINAR.

### DISPOSICIONES GENERALES.

Art. 340. La justicia militar se administra gratuitamente.

Art. 341. Las actuaciones judiciales se escribirán en papel común de hilo, y solo en defecto de éste se podrá emplear de otra clase.

Art. 342. Todos los días, incluso los feriados, son hábiles para actuar judicialmente.

Art. 343. En los juicios militares se procederá de oficio y no se admitirá la acción privada.

Art. 344. En los delitos de violación, y en los de rapto ejecutados con miras deshonestas, solo procederán los Tribunales militares á virtud de denuncia de la persona interesada, de sus padres, marido, abuelos, hermanos ó tutores.

Si la agraviada no tuviese, por su edad ó estado moral, personalidad para comparecer en juicio, y fuera además de todo punto desvalida, careciendo de padres, marido, abuelos, hermanos, tutor ó curador que denuncien, podrá verificarlo el Regidor síndico ó el representante del Ministerio fiscal.

Art. 345. La acción penal, y hasta la pena impuesta en los casos previstos en el artículo anterior, se extinguen por la renuncia ó perdón de la parte agraviada ó el matrimonio de la ofendida con el ofensor.

Las acciones civiles podrán también ser renunciadas, haciéndolo constar expresamente.

## TITULO PRIMERO.

### DE LAS CUESTIONES DE COMPETENCIA.

Art. 346. Sólo el Consejo Supremo de Guerra y Marina, en los asuntos de que conozca en única instancia, y las Autoridades judiciales de los Ejércitos ó distritos, podrán promover y sostener competencias, debiendo hacerlo por iniciativa propia y por excitación fiscal antes de recaer sentencia, ó á petición de la parte interesada, si no se hubiese formulado la acusación.

Art. 347. En caso que alguna Autoridad judicial de Guerra ó de Marina se hallare conociendo de asunto de la exclusiva competencia del Consejo Supremo, le ordenará éste que se abstenga de todo procedimiento y le remita las actuaciones.

El Consejo podrá, sin embargo, autorizar en la misma orden que se continúen las diligencias de práctica urgente.

Art. 348. Cuando el Juez instructor tenga noticia de que otro Juez ó Tribunal se halla también instruyendo diligencias sobre asunto de que aquél conoce, lo hará presente á la Autoridad judicial de quien dependa para la determinación que corresponda.

Art. 349. Si se suscitase competencia en procedimiento pendiente de consulta en el Consejo Supremo, remitirá éste las actuaciones á la Autoridad que las hubiese seguido á fin de que sustancie el incidente con arreglo á la Ley.

Art. 350. La sustanciación de los conflictos jurisdiccionales se ajustará á las disposiciones siguientes:

1ª La Autoridad que se considere competente requerirá de inhibición, por medio de oficio, á la que esté conociendo del asunto.

2ª El requerido acusará inmediatamente el recibo, reclamará las actuaciones, si no obrasen en su poder, y resolverá, dentro del término de veinte y cuatro horas, si se inhibe del conocimiento ó mantiene su competencia.

3ª Si acordase la inhibición, remitirá sin pérdida de tiempo al requirente las diligencias que hubiere practicado y las pruebas del delito, poniendo á su disposición las personas de los procesados.

4ª Si acordase sostener su competencia, contestará á aquél, dentro del referido plazo, exponiendo las razones en que la funde.

5ª El requirente, si no se accediere á su pretensión, resolverá, dentro del término de veinticuatro horas, si insiste en la competencia ó se aparta de ella.

6ª Cuando la contienda se inicie con jurisdicciones extrañas, la Autoridad militar, requirente ó requerida, oirá siempre, dentro del término de veinticuatro horas, antes de dictar su providencia, al Teniente Auditor del Ejército ó distrito en funciones fiscales, de cuyo dictámen se dará copia al Juez ó Tribunal respectivo.

Art. 351. En las competencias negativas se observarán los mismos procedimientos señalados en el artículo anterior.

Art. 352. No llegando á un acuerdo las Autoridades de Guerra ó de Marina que sostengan cuestión de competencia, la someterán al Consejo Supremo con remisión de las actuaciones originales y testimonio del incidente.

Art. 353. Recibidos en el Consejo Supremo los expedientes de competencia, se pasarán á informe de los Fiscales, por término de dos días á cada uno, y el Tribunal, devueltos que sean, resolverá dentro de los tres días inmediatos, y remitirá á la Autoridad judicial á quien declare competente todas las actuaciones, comunicando á la otra lo resuelto para su conocimiento, y á los fines, en su caso, de la regla 3ª del artículo 350.

Art. 354. Las actuaciones practicadas por los Jueces declarados incompetentes, serán válidas sin necesidad de proceder á su ratificación.

Art. 355. En todos los casos en que se promueva competencia, miéntras ésta no se resuelva, quedará el procedimiento en suspenso, sin perjuicio de que las Autoridades que lo hubiesen incoado continúen practicando las diligencias que sean necesarias para la comprobación del delito y sus circunstancias, así como todas las demás que se consideren de reconocida urgencia.

Art 356. Las providencias del Tribunal á que se refiere el último párrafo del artículo 23 son inapelables. Con testimonio de la que se dicte, se remitirán las actuaciones á la Autoridad declarada competente, y se pondrá lo acordado en conocimiento de la otra, conforme á lo prevenido en el artículo 353.

El expediente de competencia se archivará en la Capitanía general, remitiendo testimonio del mismo al Consejo Supremo de Guerra y Marina.

Art. 357. Las competencias que entablen contra los Tribunales las Autoridades administrativas de Guerra se sustanciarán con arreglo á las leyes y reglamentos dictados al efecto.

# TITULO II.

## DE LAS RECUSACIONES.

## CAPITULO PRIMERO.

*Disposiciones generales.*

Art. 358. Las incompatibilidades, exenciones y excusas serán apreciadas, y los incidentes de recusación resueltos por el Consejo Supremo, cuando se hallen las actuaciones en el mismo, ó en otro caso por la Autoridad judicial del Ejército ó distrito en que aquéllas pendan.

Art. 359. No obstante lo prevenido en el artículo anterior, la apreciación de las exenciones, incompatibilidades y recusaciones del Presidente y Vocales de los Consejos de guerra que se celebren en puntos fuera de la residencia de la Autoridad judicial, corresponde á la local que haya ordenado la reunión del Consejo.

Art. 360. Todo el que llamado á intervenir por cualquier concepto en un procedimiento judicial se considere comprendido en causa de incompatibilidad, exención ó excusa, según los casos, lo hará saber á quien corresponda tan pronto como le conste el motivo en que se funde.

Para la admisión del mismo se seguirán las reglas establecidas en la sustanciación de las recusaciones.

Art. 361. El Presidente, Consejeros y Fiscales del Supremo, la Autoridad judicial y los fiscales de causas se inhibirán sin más que consignar la excepción que les comprenda.

## CAPITULO II.

*Sustanciación de las recusaciones.*

Art. 362. Por regla general, en todos los procedimientos judiciales, puede proponerse la recusación en cualquier estado antes de comenzada la vista.

Art. 363. La recusación de los individuos designados para formar el Consejo de guerra se admitirá solamente hasta seis horas antes de la señalada para la celebración de éste.

Art. 364. La recusación de los peritos se hará antes de empezar la diligencia parcial.

Art. 365. La recusación se formulará por escrito ó verbalmente, consignándose en el segundo caso por medio de diligencia y debiendo expresarse en ambos el motivo en que se funde.

Art. 366. La recusación de las personas contra quienes pueda promoverse y el motivo en que se funde, se pondrá inmediatamente en conocimiento de la persona recusada, á fin de que si tuviere por verdadero el motivo alegado, que no hubiere conocido antes, pueda inhibirse ó pedir su sustitución, según los casos, en conformidad á lo establecido en los artículos 360 y 361.

Art. 367. La recusación no detendrá el curso de las actuaciones. Exceptúase el caso en que el incidente no se hubiere resuelto antes de celebrarse la vista.

Art. 368. Si el Juez instructor se excusare por incompatibilidad ó fuese recusado, deberá, no obstante, continuar practicando las diligencias de carácter urgente hasta que se le reemplace.

Art. 369. Cuando el motivo de la recusación fuese notorio ó resultare del procedimiento, resolverá su admisión, sin trámite alguno, la Autoridad ó Tribunal competente, sustituyendo desde luego al recusado.

En otro caso, para la resolución del incidente se ordenará la formación de pieza separada.

Art. 370. El expediente de recusación se instruirá en los respectivos casos:

Por el Consejero instructor de los negocios de que conoce el Consejo Supremo en única instancia.

Por el Juez instructor en los que se sustancian en los Ejércitos y distritos.

Si fuere el Consejero instructor, el Juez ó el Secretario el recusado, tramitará el incidente el que designe la Sala ó la Autoridad judicial, según los casos.

Art. 371. Las recusaciones se sustanciarán oyendo al recusante y al recusado en diligencias que se extenderán expresando las razones que adujeren.

# TITULO III.

## DEBERES Y ATRIBUCIONES DE LOS JUECES INSTRUCTORES, FISCALES, SECRETARIOS Y DEFENSORES.

## CAPITULO PRIMERO.

### *Del Juez instructor.*

Art. 372. El Juez instructor recibirá al Secretario juramento de cumplir bien y fielmente los deberes de su cargo.

Art. 373. El Juez instructor se entenderá directamente con la Autoridad judicial del Ejército ó distrito si se hallare en la misma localidad, y por su conducto remitirá los suplicatorios, exhortos, interrogatorios, edictos y comunicaciones que deban tener cumplimiento fuera de la circunscripción jurisdiccional.

Cuando la Autoridad judicial residiere en lugar distinto del en que se instruye el procedimiento, se dirigirá á ella, entregando el pliego cerrado, con oficio de remisión, á la Autoridad militar local, quien lo cursará directamente á su destino.

En el territorio comprendido en la jurisdicción, podrá el instructor reclamar por sí los auxilios necesarios de las Autoridades y funcionarios militares y civiles, entendiéndose con ellos en la forma prevenida en el párrafo anterior.

Art. 374. El Juez instructor usará siempre de la fórmula de *diligencias* para consignar sus resoluciones, cuantos incidentes surjan en el procedimiento y todo lo que pueda servir en cualquier tiempo para acreditar la estricta observancia de las formas y solemnidades de la ley.

Autorizará con firma entera las diligencias en que intervenga, á no ser las de mera tramitación, en que bastará la media firma.

Serán suscriptas además por las personas que en ella intervengan directamente, según los casos, y por dos testigos cuando la ley lo disponga.

## CAPITULO II.

### *Del Fiscal.*

Art. 375. El Fiscal es el encargado de calificar los hechos objeto del procedimiento, determinando las responsabilidades exigibles en cada caso y de comparecer ante el Consejo de Guerra para formular la acusación.

Art. 376. El Fiscal, en el ejercicio de sus funciones, dependerá exclusivamente de la Autoridad judicial.

## CAPITULO III.

### *Del Secretario.*

Art. 377. Corresponde al Secretario:

1º Poner á las actuaciones la cubierta en que se exprese: la plaza donde se instruyen; el cuerpo ó dependencia á que pertenezca el procesado, el delito perseguido; la fecha en que ocurrió el hecho; la del procedimiento; la en que se decreta la prisón preventiva y la libertad provisional; el nombre de los acusados, y al pié, el del Juez instructor y Secretario.

2º Numerar correlativamente las hojas del procedimiento, con exclusión de las que resulten en blanco, las cuales se inutilizarán cruzándolas; dividiendo aquél en rollos ó trozos aparte cuando lo exija el volúmen de los autos, y consignándose así por diligencia, con la cual cerrará cada rollo, pero sin interrumpir la foliación general, y poniendo en la cubierta de cada uno el número de orden que le corresponda. Si hubiere que formar piezas separadas, la númeración de los folios será independiente en cada una.

3º Unir á los autos los documentos que se refieran á los mismos, colocándolos por el orden de fechas en que se reciban y á continuación de la última diligencia practicada.

4º Escribir sin emplear abreviaturas ni guarismos.

5º Autorizar con firma entera y en último lugar, cuantas diligencias se practiquen en la causa.

6º Salvar, antes de las firmas, cualquier equivocación padecida al escribir, y si se advirtiese después de firmado, se extenderá diligencia que autorizará el Juez instructor.

7º Encabezar todas las actuaciones y declaraciones con la fecha en que se practiquen, sin referirse á la consignada en actuación anterior, aunque lo haya sido el mismo día.

8º Anotar al márgen de las diligencias su objeto, el nombre y apellidos del testigo ó procesado, y el número de orden de la declaración respecto de los que hubieren prestado más de una.

9º Si se desglosase algún documento, colocar un pliego en el sitio donde hubiese estado, expresando por diligencia el número y clase de ellos y los folios que comprendieren.

El pliego agregado llevará por número de foliación el primero y el último de los comprendidos en el desglose.

En caso de equivocación de los folios, extenderá diligencia expresiva de la rectificación, y al márgen del folio equivocado pondrá nota que diga: «Véase la diligencia del folio . . »

Si la equivocación consistiera en la repetición de un mismo número anotará á continuación del repetido «segundo, etc.»

10. Practicar las notificaciones, citaciones y emplazamientos en la forma prevenida en la Ley.

11. Hacer constar por diligencia la entrega de los autos al defensor, expresando el número de folios que contengan.

La entrega la verificará á presencia del Juez instructor y si á la devolución de los autos notare alguna falta en ellos, lo advertirá en el acto á aquél para la determinación que corresponda.

12. Cumplir, por fin, con todas las demás obligaciones que la Ley imponga y no se hallen aquí expresamente enumeradas.

Las diligencias en que no intervenga el Juez, las firmará sólo el Secretario.

## CAPITULO IV.

### *Del Defensor.*

Art. 378. El Defensor intervendrá en las actuaciones del plenario y deberá ser citado por el Juez instructor para su asistencia á las mismas.

Podrá comunicarse con su defendido siempre que lo crea necesario, y practicar, en el desempeño de su misión cuantas gestiones legales estime convenientes, á excepción de solicitar la gracia de indulto.

## TITULO IV.

### DE LAS NOTIFICACIONES, CITACIONES Y EMPLAZAMIENTOS.

Art. 379. Las notificaciones se harán leyendo íntegramente á la persona que deba ser notificada el contenido de la resolución objeto de la diligencia.

El Secretario, al hacer la notificación, facilitará copia de ella si la pide la parte interesada.

Art. 380. La persona citada, notificada ó emplazada firmará la papeleta ó diligencia, ó lo hará un testigo si no supiese firmar ó no se le encontrare. Si no quisiese, firmarán dos testigos buscados al efecto.

Art. 381. Las citaciones y emplazamientos se harán:

A los militares y funcionarios públicos, por conducto de sus Jefes, en virtnd de oficio suscripto por el Juez insinstructor, á no ser en casos de urgencia, en los cuales podrá citarles directa y aún verbalmente, sin perjuicio de dar inmediato conocimiento á dichos Jefes.

A los demás, directamente y por medio de papeleta firmada por el Secretario.

Art. 382. Los oficios y papeletas á que se refiere el artículo anterior, contendrán:

1º La designación del Juez instructor.

2º El nombre y apellidos del que deba ser citado y las señas de su habitación; y si éstas fuesen ignoradas, cualesquiera otras por las que pueda averiguarse su paradero.

3º El objeto de la citación.

4º El día y hora ó el término dentro del cual haya de concurrir el citado ó emplazado.

5º El lugar de la comparecencia y el Tribunal ó Juez instructor ante quien deba presentarse.

6º Las responsabilidades en que incurren los que falten al llamamiento.

Art. 383. Para llevar á efecto las citaciones y emplazamientos en el mismo lugar en que se siga la causa, se valdrá el Juez instructor de sargentos, cabos ó soldados que con este objeto se pondrán á su disposición.

Art. 384. Cuando el encargado de hacer la citación ó emplazamiento no encontrare en su domicilo á la persona que deba ser citada, entregará la papeleta ó dará el aviso al pariente, familiar ó criado mayores de catorce años que hallase en dicho domicilio.

Si en éste no encontrare á nadie, hará la entrega ó dará el aviso á uno de los vecinos más próximos, de cuyo nombre y domicilio tomará nota.

En uno y otro caso prevendrá á dichas personas la obligación que tienen de entregar la papeleta al interesado ó participarle el aviso al regresar á su domicilio, bajo las penas á que por su falta de cumplimiento se hagan acreedores.

Art. 385. Cuando el que deba ser notificado estuviese en libertad, la notificación se le hará en el domicilio del Juez instructor.

Si aquél se hallase físicamente impedido, el Secretario pasará á su domicilio.

Art. 386. Cuando el que haya de ser notificado, citado ó emplazado, no tuviese domicilio conocido, se practicarán las necesarias diligencias para su busca por medio de las Autoridades respectivas que puedan facilitarla; pero si apesar de ello no fuere habido, se mandará insertar el llamamiento en el *Boletín oficial* de la provincia de su última residencia y en la GACETA DE MADRID, si se considerase oportuno, bastando unir á los autos en el oficio que se dé cuenta de haberse publicado.

Art. 387. En los procedimientos que se sigan ante el Consejo Supremo de Guerra y Marina, las notificaciones, citaciones y emplazamientos se harán dentro de la Corte por los ujieres del mismo, verificándolo en el domicilio de la persona interesada, por medio de papeleta expedida por el Secretario Relator.

## TITULO V.

### DE LOS SUPLICATORIOS, EXHORTOS Y MANDAMIENTOS.

Art. 388. Para la práctica de diligencias que deban tener lugar en punto diferente del en que se instruya la causa, se dará comisión al Tribunal ó Autoridad que haya de ejecutarlas, empleando al efecto la forma de suplicatorio, exhorto ó mandamiento.

La comisión se dará preferentemente, mientras sea posible, á las Autoridades militares.

Art. 389. Se usará la forma de suplicatorio para dirigirse á los Cuerpos Colegisladores ó á una Autoridad ó Tribunal que sea de categoría superior á la del que dé la Comisión.

La de exhorto, para los de categoría igual.

La de mandamiento, para los subordinados.

Para emplear una ú otra forma, se atenderá, dentro del Ejército ó distrito, á la categoría del Juez que dé la comisión y á la de la Autoridad á quien se dirige.

Art. 390. El suplicatorio ó exhorto que se envíe á Juez ó Tribunal de territorio distinto del jurisdiccional en que se siga la causa, se extenderá á nombre de la Autoridad Militar de quien dependa el que lo expida.

El Consejo Supremo de Guerra y Marina puede expedirlos directamente sin limitación alguna á los Jueces ó Tribunales de otras jurisdicciones en toda la extensión del territorio nacional.

Art. 391. Las Autoridades ó Tribunales militares que tengan que dirigirse á otras Autoridades, Corporaciones ó funcionarios que no sean del orden judicial, usarán de la forma de oficio ó de exposición, según corresponda.

Los exhortos al extrangero se enviarán al Ministerio de la Guerra, á fin de que se les dé curso por la vía diplomática, en los casos y forma prevenidos en las leyes.

Art. 392. La Autoridad militar á quien se exhorte para la práctica de alguna diligencia judicial, nombrará al efecto Juez instructor y Secretario, y devolverá el exhorto, después de cumplimentado en lo posible, por el mismo conducto que lo hubiere recibido.

El Juez y Secretario que evácuen el exhorto habrán de tener la misma categoría de los que instruyan el procedimiento de que se trate, á ser posible.

Art. 393. Cuando deje de acusarse oportunamente el recibo de un exhorto ó se retrase su cumplimiento, el exhortante lo hará saber al Tribunal ó Autoridad superior del exhortado para que acuerde lo que corresponda.

## TITULO VI.

### PROCEDIMIENTOS PREVIOS.

Art. 394. Las Autoridades y Jefes á quienes corresponda acordar ó prevenir la formación de causa, mandarán instruir diligencias previas para depurar la naturaleza de los hechos, siempre que, pudiendo ser originarios de responsabilidades legales, no aparezcan desde los primeros momentos como constitutivos de delito.

Al efecto nombrarán por sí mismos, en todos los casos, Juez instructor y Secretario, con sujeción á las reglas establecidas en el tratado 1º, aunque sin atribuir por el pronto á las actuaciones carácter de procedimiento criminal.

Art. 395. Si de las diligencias practicadas resultase que hay indicios para suponer la existencia de un delito, el Juez instructor procederá desde luego judicialmente con arreglo á las disposiciones establecidas en esta Ley, dando conocimiento inmediato á la Autoridad ó Jefe que lo nombró, y éstos á la judicial del Ejército ó distrito, siendo lo actuado cabeza del procedimiento.

Si por el contrario, se tratare sólo de un accidente ó siniestro respecto del cual no hubiese responsabilidades criminales que exigir, se limitará el instructor á hacer declaración de las civiles, si las hay, y consultará, por conducto de su Jefe, con la Autoridad judicial la resolución que corresponda.

Art. 396. Dicha Autoridad, previo dictamen de su Auditor, acordará el archivo de las diligencias, con ó sin declaración de responsabilidades civiles, ó la elevación de aquéllas á procedimiento criminal.

Cuando aparezca falta, se observará lo prevenido en el título XXIV de este tratado.

# TITULO VII.

## DEL SUMARIO.

## CAPITULO PRIMERO.

### *Disposiciones generales.*

Art. 397. En caso de delito flagrante, todo militar que mande fuerzas destacadas ó independientes, cualquiera que sea el Tribunal llamado á conocer, procederá desde luego á la detención de los culpables, á recoger los efectos necesarios para la comprobación del delito, á recibir las declaraciones precisas, y á practicar las diligencias de carácter urgente, poniéndolo todo, sin pérdida de tiempo, á disposición del Jefe ó Autoridad á quien corresponda acordar ó prevenir la formación de causa.

Art. 398. Las Autoridades y demás personas facultadas para incoar un procedimiento criminal, obrarán por propio conocimiento que tengan del delito, en virtud de parte que hubieren recibido, dado por persona competente, ó por denuncia que estimen digna de consideración.

Art. 399. El Gobierno podrá también ordenar la formación de diligencias, por los delitos de que tenga noticia, á las Autoridades judiciales á quienes corresponda sustanciarlas.

Lo mismo podrá efectuar el Consejo Supremo de Guerra y Marina, cuando no deba conocer de ellos en única instancia.

Art. 400. La Autoridad judicial del Ejército ó distrito dará cuenta al Consejo Supremo de Guerra y Marina, antes del segundo día, de toda causa que mande formar, y de las que tengan principio dentro de los límites de su jurisdicción, contándose en este caso aquel plazo desde que el hecho hubiese llegado á su conocimiento.

Al propio tiempo y en igual plazo participará al Ministerio de la Guerra las que haya mandado instruir ó se sigan en el territorio de su jurisdicción y sean de la competencia del Consejo de guerra de Oficiales generales, así como de cualquiera otra que por su importancia lo merezca.

El Juez instructor encabezará el sumario con la orden de proceder, y la ratificación del parte, denuncia ó diligencia que diese origen á su formación.

Art. 401. Cuando resulten méritos para procesar á un Senador ó Diputado á Cortes, la Autoridad judicial observará lo que las leyes generales del Reino disponen para tales casos.

Art. 402. Cada delito, con excepción de los que sean conexos, será objeto de un procedimiento distinto.

Art. 403. Sólo se formarán piezas separadas:

1º Cuando se promuevan incidentes que deban resolverse sin paralizar el curso de las actuaciones en lo principal.

2º Cuando unos procesados estuvieren presentes y otros ausentes.

3º Cuando las pruebas de culpabilidad de todos los acusados no fueren iguales, y la importancia del delito exigiese un pronto y ejemplar castigo.

## CAPITULO II.

### DE LA COMPROBACIÓN DEL DELITO Y AVERIGUACIÓN DEL DELINCUENTE.

### Sección primera

*De la comprobación del delito.*

Art. 404. Cuando el delito que se persiga deje vestigios materiales de su ejecución, el Juez instructor procederá en la forma siguiente:

Procurará recoger en los primeros momentos las armas, instrumentos, sustancias y demás efectos que puedan haber servido para la comisión del mismo, y se encuentren en el lugar de su perpretación, en las inmediaciones, en poder del presunto reo ó en cualquiera otra parte.

Suscribirán la diligencia expresiva de todo ello, las personas en cuyo poder fuesen encontrados los enunciados objetos, á las cuales proveerá del correspondiente resguardo de entrega, si lo pidiesen.

Describirá detalladamente, caso de ser habidas, la persona ó cosa objeto del delito, consignando su estado, circunstancias y todo lo demás que se relacione con el hecho punible.

Cuando para conocer ó apreciar algún hecho ó circunstancia sea necesario el dictamen de peritos, lo reclamará de las Autoridades competentes.

Si creyese oportuno reconocer algún lugar determinado, lo hará así, consignando en los autos lo que resulte de su inspección ocular.

Examinará á las personas que se hallasen presentes al hacer las investigaciones antedichas, respecto de todo lo que se relacione con la comisión del delito ó fuere objeto de él, exigiendo á dichas personas que declaren cuanto sepan sobre las alteraciones que se observen en los lugares, armas, instrumentos, sustancias ó efectos recogidos y examinados, así como el estado que tuvieran anteriormente.

Dispondrá, si fuere necesario, el levantamiento de planos, la medición de distancias y que se saquen diseños de los lugares ú objetos que puedan conducir al esclarecimiento del delito, reclamando al efecto el auxilio correspondiente.

Art. 405. Los objetos recogidos por el Juez instructor durante sus investigaciones y que puedan aprovechar á la causa, las marcará ó sellará, los unirá á los autos cuando se presten á ello, y en otro caso los custodiará en lugar seguro, extendiendo de todos modos diligencia descriptiva de lo que se necesite para acreditar su existencia y poder hacer en todo tiempo su comprobación.

Art. 406. Cuando el delito que se persiga no deje huellas materiales, hará constar si la desaparición de las mismas ocurrió natural, casual ó intencionalmente, así como las causas que hubieran influido para ello, y recogerá las pruebas de cualquier clase que pueda adquirir sobre la perpretación del delito y la preexistencia de las cosas que hubieren sido objeto de él, justificando en cuanto sea posible el estado que tuvieran antes de ser destruidas ó deterioradas.

Art. 407. Cuando el delito cometido sea el de traición, rebelión, sedición y demás que afecten á la disciplina del Ejército, consignará muy especialmente:

1º La parte que cada culpable hubiere tenido en su comisión.

2º Si los hechos tuvieron lugar en actos del servicio ó fuera de él, con armas ó en actitud de tomarlas ó sin ellas.

3º Si hubo concierto ó complot.

Art. 408. En los delitos contra los fines y medios de acción del Ejército, acreditará:

1º Si los hechos ocurrieron á consecuencia de alguna sorpresa, las circunstancias que mediaron en ella y las medidas de precaución y vigilancia que de antemano se hubieran tomado para evitarlos.

2º Si el culpable obró por iniciativa propia ó á virtud de consejo ó consulta que pidiere á otros, así como si en el hecho procedió por debilidad ó impericia.

Art. 409. En los delitos de malversación, y con independencia del expediente administrativo que se forme, dirigirá sus investigaciones á comprobar el importe total del descubierto, si se efectuó en campaña y de sus resultas se malogró una operación de guerra, si la cantidad distraída se administraba por razón del cargo militar, si se distrajo para usos propios del delincuente ó distintos del fin á que estuviere destinada, si su distracción se verificó por abandono ó negligencia inexcusable, si ocasionó perjuicios más ó menos graves á las tropas ó al servicio, si hubo ó no reintegro y si procede exigir responsabilidades civiles y subsidiarias.

Art. 410. En los delitos de deserción averiguará:

1º Si el desertor recibía el pan, prest y vestuario; si de algún modo se le había faltado á lo que fuere de su derecho ó si había sido objeto de malos tratamientos.

2º El lugar de la aprehensión, el tiempo que el acusado hubiere permanecido fuera de las filas ó del punto de su residencia, y el traje y dirección que llevaba al desertar.

3º Si medió inducción, auxilio ó encubrimiento para la perpetración del delito.

4º Si hubo abandono de servicio de armas, fractura de puertas ó ventanas ó empleo de otros medios violentos para verificar la fuga.

5º Si se llevó prendas de vestuario ó armamento; intimándole, en caso afirmativo, á que diga el lugar en que las dejara ó la persona á quien las hubiese entregado.

6º Si había cometido antes alguna otra deserción y la pena que por ella se le impuso.

Art. 411. Cuando el delito sea contra la honestidad, hará constar la edad y estado civil de la persona ofendida, las resoluciones que mediaren entre esta y el culpable, los antecedetes morales de ambos, las circunstancias precedentes ó simultáneas del delito y los resultados del mismo.

Art. 412. En los delitos de homicidio, antes de proceder al enterramiento del cadáver ó inmediatamente despues de haberlo exhumado, pero hecha la conveniente descripción del estado en que se encontrase, procederá á la identificación de aquél por medio de testigos que declaren dando razón de su conocimiento.

A falta de testigos, si el estado de descomposición en que se hallase lo permitiese, se expondrá al público, expresando en un cartel, que se fijará á la puerta del depósito, el sitio, día y hora en que hubiese sido hallado y el nombre y habitación del Juez instructor que conozca de las actuaciones, á fin de que si alguno puede suministrar noticias pertinentes, las comunique al expresado instructor.

Si apesar de ésto no hubiese sido reconocido, deberán guardarse todas las prendas de su traje con el fin de que en cualquier tiempo puedan servir para la identificación.

Aún cuando se presuma la causa de la muerte, se procederá hacer la auptosia del cadáver.

Art. 413. Cuando el delito fuese de lesiones, hará constar el estado del herido y de la ropa que tuviese puesta, disponiendo asimismo el reconocimiento de aquél por Profesores médicos y su traslación adonde pueda ser convenientemente asistido.

Art. 414. Si el lesionado se hallase en peligro de muerte, le recibirá declaración, prescindiendo de las fórmulas ordinarias é interrogándole principalmente sobre el autor, causas y circunstancias del delito.

Art. 415. Los Profesores médicos encargados oficialmente de la asistencia de un herido, darán parte del estado de este en los períodos que el Juez instructor le designe; pero en caso que sobreviniese alguna novedad, la participarán sin pérdida de tiempo á dicho instructor.

Art. 416. Si ocurriese la muerte del lesionado, expresarán los Facultativos en su declaración de auptosia, si aquélla fué resultado de las lesiones ó debidas á otras causas.

Después se procederá al enterramiento del cadáver, consignándose el lugar en que hubiese tenido efecto.

Art. 417. Cuando se obtenga la curación ó no sea necesaria la asistencia facultativa, lo manifestarán así los Profesores médicos, quienes expresarán también el tiempo empleado para conseguir aquélla, el estado en que hubiere quedado el paciente á consecuencia de las lesiones, la duración de la asistencia facultativa y el tiempo que hubiese estado inútil para el trabajo.

Art. 418. En los procedimientos por delitos contra la propiedad, ó en cualesquiera otros en que deba hacerse constar la preexistencia de las cosas objeto de los mismos, si no hubiera testigos presenciales del hecho, se practícarán diligencias para acreditar los antecedentes de las personas perjudicadas, y la mayor ó menor probabilidad de que dichos objetos estuviesen en su poder antes de serles sustraído.

Art. 419. Para valorar los daños causados por el delito, el Juez instructor interrogará al dueño ó persona perjudicada y acordará siempre el reconocimiento pericial en la forma que crea necesaria.

Art. 420. El Juez instructor practicará las diligencias que conduzcan á la comprobación del delito y de sus circunstancias, aunque el procesado confiese ser su autor, desde los primeros momentos.

## Sección segunda

### *De la averiguación del delincuente.*

Art. 421. Cuando resulten de la causa cargos contra persona determinada, el Juez instructor procederá contra ella, á no ser que por la categoría de la misma ó por otros motivos se considere incompetente, en cuyo caso lo pondrá en conocimiento de la Autoridad judicial para que acuerde lo que proceda.

Art. 422. Cuando sea necesario el reconocimiento para identificar al acusado, se practicará poniendo á la vista del que haya de verificarlo, la persona que deba ser reconocida en unión de otras de aspecto exterior semejante. El que practique el reconocimiento declarará ante el Juez instructor si encuentra en el grupo ó rueda al que hubiere designado ó hecho referencia en sus declaraciones anteriores, señalándole en caso afirmativo, clara y determinadamente.

Art. 423. Si fuesen varios los que tengan que reconocer á una misma persona, el acto se verificará separadamente con cada uno de ellos, sin que unos y otros puedan comunicarse entre sí hasta la terminación de la diligencia.

Art. 424. El grupo ó rueda que se forme para el reconocimiento, se compondrá, cuando ménos, de seis personas, siempre que sea una sola la que haya de ser objeto del acto; pero á ser posible, se aumentarán tres más por cada una de las que deban ser reconocidas.

Art. 425. En la diligencia que se extienda sobre el acto del reconocimiento, se harán constar las declaraciones recibidas, que firmarán sucesivamente los que las presten, todas las circunstancias que ocurriesen y los nombres de los que hubiesen formado el grupo ó rueda.

Art. 426. El que detuviere á alguno en concepto de culpable, tomará las precauciones necesarias para evitar que haga en su persona ó traje alteraciones que puedan dificultar su reconocimiento.

Iguales precauciones tomarán los encargados de la custodia de los detenidos ó presos, debiendo cuidar además de conservar los trajes que llevasen éstos al ingresar enlas prisiones, si por algún motivo tuviesen que usar otros.

Art. 427. Si el procesado fuera militar, se reclamará desde luego, para unir á los autos, copia certificada de su filiación ú hoja de servicios y de la de hechos, cuyos documentos deberán además contener las calificaciones y notas de concepto que los interesados hubiesen merecido antes de la comisión del delito.

Si el procesado no fuese militar, se unirá á los autos, siendo posible, certificación de su nacimiento y de sus antecedentes penales.

El Juez instructor hará información respecto al criterio del procesado mayor de nueve años y menor de quince, y especialmente con relación al hecho que hubiere dado motivo á la instrucción de la causa, empleando, si lo creyese necesario, el informe pericial.

Art. 428. Cuando el Juez instructor advirtiese en el procesado indicios de enagenación mental, le someterá á la observación de dos Profesores médicos en el establecimiento en que estuviere preso ó en otro público, si fuese más á própósito ó se hallare en libertad.

Además recibirá cuantas declaraciones é informes crea conducentes á la averiguación del estado mental del sometido á reconocimiento, sin paralizar el curso de las actuaciones.

Art. 429. Cuando la enagenación mental sobreviniese después de perpetrado el delito, concluso que sea el sumario, se suspenderá el procedimiento respecto al que se halle en aquél caso, hasta tanto que recobre la salud; pero continuará en cuanto á los demás procesados.

## TITULO VIII.

### DE LAS DECLARACIONES.

### CAPITULO PRIMERO.

*De las declaraciones en general.*

Art. 430. El Juez instructor recibirá declaración á cuantas personas puedan suministrar noticias ó pruebas para la comprobación del delito y averiguación de los culpables.

En todas las declaraciones se consignarán las preguntas del instructor y respuestas del declarante.

Art. 431. Los declarantes podrán dictar sus declaraciones y leer por sí mismos las que presten. No haciendo uso de este derecho, se las leerá el Secretario antes de autorizarlas.

Art. 432. Cuando el que declare no supiere el idioma español, se nombrará un intérprete con título, si lo hubiese en el pueblo, y en su defecto un Maestro del correspondiente idioma, y si tampoco lo hubiere, cualquiera persona que lo sepa.

Art. 433. Cuando el declarante sea sordomudo, si supiere leer, se le harán por escrito las preguntas que deba contestar; si supiere escribir, contestará á ellas por escrito, y si no supiere ni lo uno ni lo otro, se nombrará un intérprete, que deberá ser Maestro titular de sordomudos, si lo hubiere en el pueblo, ó á falta de él, cualquiera que sepa comunicarse con el declarante.

A presencia de éste prestará en ambos casos el intérprete juramento de conducirse bien y fielmente en el desempeño de su cargo antes de comenzar á ejercerlo.

Art. 434. Las declaraciones se firmarán por todos los que intervengan en el acto.

Art. 435. No se harán al delarante preguntas capciosas ni sugestivas, ni con él se empleará coacción, engaño, promesa ó artificio alguno para obligarle ó inducirle á que declare en determinado sentido.

Art. 436. El Juez instructor evacuará las citas que en las declaraciones se hagan y sean pertinentes.

## CAPITULO II.

### *De las declaraciones de los testigos.*

Art. 437. Las personas de cualquier clase y jerarquía que sean, residentes en territorio español, están obligados á auxiliar la acción de la justicia, prestando las declaraciones que el Juez instructor considere necesarias para el esclarecimiento de los hechos que persiga.

Art. 438. No obstante lo dispuesto en el artículo anterior, están exentos de declarar:

El Rey, su Consorte, el Príncipe heredero y el Regente del Reino.

Art. 439. Están exceptuados de concurrir al llamamiento del Juez instructor, pero no de declarar:

1º Las demás Personas Reales.

2º Los Embajadores y Representantes diplomáticos acreditados cerca del Gobierno español.

3º Los Ministros de la Corona.

4º Los Presidentes del Senado, del Congreso de los Diputados, del Consejo de Estado, del Tribunal Supremo, del Consejo Supremo de Guerra y Marina, del Tribunal de Cuentas del Reino, de lo Contencioso, de la Rota y de las Ordenes militares.

5º Los Capitanes Generales de Ejército.

6º Los Generales en Jefe de los Ejércitos.

7º Los Capitanes generales de los distritos.

8º Los Oficiales generales del Ejército y de la Armada y sus asimilados.

9º Los Consejeros de Estado y Fiscal del mismo Cuerpo, los Magistrados y Fiscal del Tribunal Supremo, los Ministros y Fiscales de los Tribunales de Cuentas, de lo Contencioso, de la Rota y de las Ordenes militares.

10. Los Arzobispos y Obispos.

11. Las Autoridades judiciales de cualquier orden.

12. Los Gobernadores civiles, los Alcaldes, los Directores de los diversos ramos de la Administración, los Subsecretarios de los Ministerios y los Jefes superiores de Administración civil.

Art. 440. Las personas designadas en el número 1º del artículo anterior, declararán por escrito lo que supieren contestando las preguntas que en el oportuno interrogatorio eleve á aquéllas el Juez instructor, por conducto de la Autoridad judicial y Ministro de la Guerra.

Art. 441. Las comprendidas en el núm. 2º serán invitadas á prestar su declaración por escrito, remitiéndose al efecto al Ministerio de Estado, por conducto de la Autoridad judicial y Ministerio de la Guerra, interrogatorio que comprenda los extremos á que deban contestar.

Si se negaren á declarar, la Autoridad judicial pasará al Ministerio de la Guerra testimonio instructivo.

Art. 442. Las designadas en los números 3º, 4º, 5º, 6º y 7º del referido artículo declararán en su propia morada, á la cual concurrirá el Juez instructor de cualquier clase que sea, previo aviso del día y hora que éste señale para verificar el acto.

Art. 443. Tanto las personas comprendidas en el artículo anterior como las designadas en los números 8º, 9º, 10, 11 y 12 del 439, declararán por certificado cuando lo hagan sobre hechos de que tengan conocimiento por razón de sus cargos.

En los demás casos, las personas á que se refieren estos últimos números, si el Juez fuere de la clase de Oficiales generales, comparecerán á declarar en la residencia oficial que éste tuviere asignada, según el art. 444 y si fuere su jefe ú oficial particular, pasará al domicilio ó residencia oficial de aquéllas á recibirles las declaraciones que sean necesarias.

Las reglas establecidas en este artículo y los anteriores, respecto á los testigos, se observarán igualmente cuando deban declarar sus cónyuges.

Art. 444. Las personas de cualquiera otra clase declararán ante el Juez instructor en su residencia oficial, que designará en cada caso, según las condiciones de la localidad, la Autoridad judicial, el Gobernador de la plaza, ó el Jefe superior de las fuerzas destacadas.

Art. 445. Están dispensados de la obligación de declarar:

1º El defensor, respecto á los hechos que supiere por revelación del procesado.

2º Los parientes de éste en línea directa ascendente ó descendente, su cónyuge, sus hermanos consanguíneos ó uterinos y los laterales consanguíneos hasta el segundo grado civil, así como también los hijos naturales respecto á la madre siempre, y del padre cuando estuvieren reconocidos, y la madre y el padre naturales en iguales casos.

El Juez instructor advertirá al testigo que se halle comprendido en el párrafo anterior que no tiene obligación de declarar en contra del procesado, pero que puede hacer las manifestaciones que considere oportunas, consignándose la contestación que diere.

Art. 446. No podrán ser obligados á declarar como testigos:

1º Los eclesiásticos y los ministros de los cultos disidentes, sobre hechos que le fueren revelados en el ejercicio de las funciones de su ministerio.

2º Los funcionarios públicos cuando no puedan declarar sin violar el secreto que, por razón de su cargo, tuviesen obligación de guardar, ó cuando procediendo en virtud de obediencia debida no fueren autorizados por su superior jerárquico.

3º Los incapacitados física ó moralmente.

Art. 447. El Juez instructor, cuando la urgencia lo exija, ó esté físicamente impedido el testigo, se constituirá en el domicilio de éste para recibirle declaración, prescindiendo de las formalidades anteriormente establecidas.

Art. 448. El que sin estar comprendido en las excepciones referidas en los artículos anteriores dejare de cumplir con los deberes que la presente ley impone á los testigos, incurrirá en las penas que las leyes generales establecen para tales casos, sin perjuicio de ser conducido á la presencia del Juez instructor por los dependientes de la Autoridad cuando se resistiere á comparecer.

Art. 449. La declaración de los testigos ausentes se recibirá valiéndose de los medios establecidos en el tít. 5º de este tratado.

Art. 450. En el sumario declararán separadamente los testigos.

El Juez instructor podrá disponer que se les conduzca al lugar donde hubieren ocurrido los hechos para examinarles, poniendo á su presencia los objetos sobre que verse la declaración.

Art. 451. Los testigos mayores de catorce años prestarán juramento de decir todo lo que supieren y les fuere preguntado. Los menores de esta edad declararán sin aquél requisito.

El Juez instructor, antes de empezar la declaración, enterará á unos y á otros de la obligación que tienen de decir verdad, haciéndoles saber además, que si faltaren á ella incurrirán en la pena señalada por la ley al reo de falso testimonio.

Art. 452. Los Oficiales de todas las armas é institutos del Ejército, cualquiera que sea el fuero del Tribunal ante el que comparezcan, prestarán juramento por su honor, extendiendo la mano derecha sobre el puño de la espada, y todos los demás en nombre de Dios con arreglo á su religión.

Art. 453. Recibido el juramento, el testigo manifestará su nombre, apellidos, apodo, si lo tiene, edad, estado, profesión, arte ú oficio, si conoce ó no al procesado y al ofendido, si tiene con algunos de ellos parentesco, amistad, enemistad ó relaciones de cualquier otra clase, y si tiene interés directo ó indirecto en la causa.

Art. 454. El Juez instructor dejará al testigo referir los hechos sobre que declare, y solamente le exigirá las explicaciones que sean conducentes á desvanecer los conceptos obscuros ó contradictorios.

Después le dirigirá las preguntas que estime oportunas para el esclarecimiento de los mismos hechos.

Art. 455. Al testigo le será permitido dictar por sí mismo su declaración, pero no valerse de otra que lleve escrita, si bien podrá consultar apuntes ó memorias sobre datos que sean difíciles de recordar.

Art. 456. Cuando la declaración tenga por objeto la evacuación de alguna cita, no se leerá al testigo el contenido de ésta, ni diligencia alguna que quebrante el secreto del sumario.

## CAPITULO III.

### *De las declaraciones de los procesados.*

Art. 457. El procesado comparecerá á declarar ante el Juez instructor de la causa, y en el punto que éste le señale, siempre que sea de igual ó inferior categoría que aquél.

Cuando la tenga superior, será citado á la residencia oficial en harmonía con lo dispuesto para los testigos en el art. 444.

Art. 458. Los procesados prestarán cuantas declaraciones crea necesario el Juez instructor para la averiguación de los hechos que sean objeto del procedimiento.

Al recibirlas no les exigirá juramento, pero les exhortará á que digan la verdad.

Art. 459. No se leerá al procesado parte alguna del sumario á excepción de las declaraciones por él prestadas anteriormente, caso que lo pidiese.

Art. 460. En la primera declaración se le interrogará por su nombre y apellidos paterno y materno, apodo, edad, naturaleza, vecindad, estado, empleo, profesión, oficio ó modo de vivir; si sabe leer y escribir, si fué procesado anteriormente, por qué delito, ante qué Tribunal, qué pena le fué impuesta, si la cumplió y si conoce el motivo por qué se le procesa, haciéndosele saber en caso negativo.

Cuando pertenezca á las clases de tropa, se le preguntará además por el regimiento ó cuerpo, compañía, escuadrón ó batería en que sirviese; quien lo prendió, por qué causa, en qué día, hora y sitio, y si se le han leído las leyes penales.

El instructor cuidará de consignar también las señas personales del reo, á fin de poder identificarle en cualquier tiempo.

Art. 461. Al procesado se le pondrán de manifisto los objetos que tengan relación con el delito, para que los reconozca. Se le interrogará también acerca de la procedencia de los mismos, de su destino y de la razón de encontrarse en su poder los que le hubiesen sido ocupados.

Art. 462. Cuando el Juez instructor considere conveniente examinar al presunto culpable en el lugar en que hubiesen ocurrido los hechos perseguidos, á ante personas ó cosas con ellos relacionadas, dispondrá su traslación á dicho lugar para ser en él interrogado, ó pondrá á su presencia las personas ó eféctos, pudiendo mostrarle éstos últimos solos ó mezclados con otros semejantes, y adoptar cualquier medida que le sugiera su celo para el mejor éxito de la diligencia.

Podrá también ordenar al procesado que escriba á su presencia algunas palabras ó frases, siempre que considere útil este medio para desvanecer las dudas que ocurran sobre la ligitimidad de un escrito que se le atribuya.

Art. 463. Si el procesado se negare á declarar, se le hará saber que su resistencia no servirá de obstáculo para que la causa siga su curso.

Art. 464. La declaración deberá recibirse en un solo acto, á no ser que por su mucha extensión ó por razones muy atendibles, creyese el Juez instructor conveniente suspenderla.

Art. 465. El Juez instructor recibirá al procesado cuantas declaraciones ó ampliaciones le pidiere; pero omitirá hacer mérito en los autos de lo que en ellas entienda que sea impertinente.

## TITULO IX.

### DEL CAREO DE LOS TESTIGOS Y DE LOS PROCESADOS.

Art. 466. Cuando los testigos ó los procesados entre sí, ó aquéllos con éstos, discordasen acerca de algún hecho ó de alguna circunstancia interesante, podrá el Juez instructor celebrar careo entre los que estuvieren discordes.

Art. 467. El acto se verificará leyendo á los que hayan de ser careados los puntos concretos objeto de la discordia que aparezcan en las declaraciones que hubiesen prestado, y preguntándoles si se ratifican en ellos, ó tienen alguna variación que hacer.

El Juez instructor hará notar las contradicciones que resultan de dichas declaraciones y los invitará á que se pongan de acuerdo.

Artr 468. En la diligencia de careo se consignarán las preguntas, contestaciones y reconvenciones que mutuamente se hicieren los careados, así como todo lo demás que ocurra en el acto.

Art. 469. No se practicarán careos sino cuando no fuere conocido otro modo de comprobar la existencia del delito ó la culpabilidad de alguno de los procesados.

## TITULO X.

### DE LA DETENCIÓN É INCOMUNICACIÓN DEL PROCESADO Y DE LA LIBERTAD PROVISIONAL Y ATENUACION DE LA PRISIÓN PREVENTIVA.

Art. 470. La detención de las personas que aparezcan acusadas del delito sometido á la jurisdicción de Guerra, podrá verificarse:

1º Por las Autoridades ó Jefes facultados para ordenar la formación ó prevención de las actuaciones judiciales.

2º Por cualquier militar, en caso de delito flagrante.

3º Por el Juez instructor del procedimiento.

Art. 471. En los casos 1º y 2º del art. anterior, los detenidos serán puestos á disposición del Juez instructor á la vez que se comunique á éste su nombramiento.

En el caso del número 3º, el Juez instructor dará inmediata cuenta de la detención á la Autoridad ó Jefe de quien el detenido dependa.

Art. 472. Cuando no resulten indicios de culpabilidad que justifiquen la prisión, y en los casos en que á juicio del instructor deban atenuarse las condiciones de la misma, por que la pena que corresponda no exceda de prisión correccional, propondrá á la Autoridad judicial con la mayor urgencia y en comunicación razonada, la libertad, del detenido ó la atenuación de la prisión preventiva.

Art. 473. La atenuación de la prisión preventiva, consistirá:

Para los individuos de la clase de tropa, en quedar arrestados en el cuartel prestando el servicio que sus Jefes consideren conveniente.

Para los Oficiales, en quedar arrestados en sus casas relevados de todo servicio.

Art. 474. Si los detenidos lo hubiesen sido por orden del Juez instructor y después no conceptuasen necesaria la detención, los pondrá desde luego en libertad, dando conocimiento del hecho á la Autoridad judicial con todas las explicaciones que justifiquen su proceder.

Art. 475. También el procesado podrá pedir que se le ponga en libertad si se creyere con derecho á ella, y el Juez instructor cursará la petición á la Autoridad judicial con su informe.

Art. 476. Los militares de todas clases y los empleados y dependientes del ramo de Guerra en servicio activo, sufrirán la detención en los cuarteles, castillos ó prisiones militares que hubiere en la localidad, y en su defecto, en prisiones civiles con separación de los demás presos ó detenidos, aunque los procese jurisdicción extraña.

Art. 477. El acusado que estuviere en libertad, deberá permanecer en el lugar donde se sigan las actuaciones con la obligación de presentarse al Juez instructor en el sitio y plazos que le señale.

Art. 478. Durante el sumario, el Juez instructor dispondrá la incomunicación del acusado cuantas veces lo crea conveniente.

Esta no podrá durar más tiempo que el necesario para evitar confabulaciones de los presuntos culpables entre sí, ó con personas extrañas.

Art. 479. La incomunicacion no será obstáculo para que el detenido asista á las diligencias judiciales en que su presencia sea conveniente.

## TITULO XI.

### SUELDOS Y SOCORROS DE LOS PROCESADOS.

Art. 480. Los individuos de las clases de tropa sin goce de haber, presos y sumariados en la Península, cualquiera que sea su situación y el Ejército á que pertenezcan, percibirán el socorro de o'50 pesetas y ración de pan. A los de Ultramar se les suministrará el pan en metálico al tipo señalado en la Península.

Art. 481. Los Oficiales sometidos á procedimiento criminal, percibirán el sueldo entero de su empleo y situación durante el sumario, sin perjuicio de lo establecido en el artículo 530.

Al elevarse la causa á plenario, cobrarán sólo medio sueldo de su empleo en actividad.

Art. 482. Si fueren absueltos se les devolverá la mitad que dejaron de percibir.

Art. 483. Los individuos de las clases de tropa con goce de haber, lo percibirán íntegro durante la sustanciación del procedimiento.

## TITULO XII.

### DEL INFORME PERICIAL.

Art. 484. Prestarán preferentemente este servicio los peritos militares, en su defecto se recurrirá á los Forenses ó titulares que hubiere en el lugar de la causa, y en último extremo á las personas que reunan conocimientos prácticos.

Art. 485. El reconocimiento, exámen ó análisis pericial se hará por dos peritos, á no ser que no hubiere más que uno disponible y no pudiera esperarse la llegada de otro sin grave inconveniente para el curso rápido de las actuaciones.

Art. 486. Los peritos darán su informe por medio de declaración, en cuyo caso les será permitido dictar la fórmula que llevaren escrita.

Las Academias ó Corporaciones científicas á quienes se reclame informe pericial lo evacuarán por medio de oficio. La petición de este informe la hará el Juez instructor por conducto de la Autoridad judicial de quien dependa.

Art. 487. El Juez instructor manifestará clara y determinadamente á los peritos el objeto de su informe, y les facilitará medios materiales para el desempeño de su cometido, acudiendo cuando él no los tuviere, á la Autoridad militar.

Art. 488. El acto pericial á ser posible, será presidido por el Juez instructor con asistencia del Secretario y el informe deberá comprender:

1º La descripción de la persona ó cosa que sea objeto del réconocimiento, así como del estado y forma en que se hallaren al ser reconocidas.

2º La relación detallada de todas las operaciones practícadas por los peritos, y del resultado de ellas.

3º Las conclusiones que formulen como resultado de dichas operaciones.

Art. 489. Cuando los peritos tengan necesidad de destruir ó alterar las sustancias ú objetos que analicen, procurará el Juez instructor conservar parte de ellos para proceder, caso necesario, á nuevo análixis.

Art. 490. El acto del reconocimiento pericial podrá suspenderse cuando la naturaleza del mismo lo exija.

El Juez instructor, en este caso, oyendo la opinión de los peritos, adoptará las medidas convenientes para evitar que sufra alteración la materia objeto del reconocimiento.

Art. 491. Después de hecho el reconocimiento, podrán los peritos deliberar entre sí y convenir en las conclusiones que hayan de ser objeto de su informe, siempre que no inviertan más tiempo que el puramente preciso para ponerse de acuerdo.

Art. 492. Cuando el Juez instructor lo considere conveniente, podrá hacer á los peritos las preguntas que estime necesarias y pedirles las aclaraciones oportunas respecto á su informe.

El procesado podrá hacer también observaciones á los peritos siempre que el instructor las considere pertinentes.

Art. 493. Si los peritos estuvieren discordes, reclamará otro el Juez instructor.

Las operaciones periciales se repetirán con intervención del nuevamente nombrado, ejecutándose además todas las que se estimen convenientes; pero si no fuese posible repetirlas ni practicar otras útiles, se limitará la intervención del tercer perito á deliberar con los otros sobre el reconocimiento hecho por ellos y á formular la opinión que de todo hubiere formado.

Art. 494. Los que no siendo militares presten este servicio á virtud de orden judicial, podrán reclamar los honorarios é indemnizaciones que les correspondan, cuando no tengan en concepto de peritos retribución fija por el Estado, por la provincia ó por el Municipio.

Los honorarios é indemnizaciones se satisfarán en su caso con cargo á los fondos que el Gobierno designe.

## TITULO XIII.

### DE LA ENTRADA Y REGISTRO EN LUGAR CERRADO, DEL DE LIBROS Y PAPELES, Y DE LA DETENCIÓN Y APERTURA DE LA CORRESPONDENCIA ESCRITA Y TELEGRÁFICA.

Art. 495. El Juez instructor podrá disponer la entrada y registro de día y de noche en todos los edificios y lugares públicos, cuando hubiese indicios de encontrarse allí el delincuente, efectos ó instrumentos del delito, libros, papeles ú otros objetos que puedan servir para su descubrimiento ó comprobación.

Art. 496. Se reputan edificios ó lugares públicos para los efectos del artículo anterior:

1º Los destinados á cualquier servicio oficial del Estado, de la provincia ó del Municipio, aunque habiten en ellos los encargados de dicho servicio ó de la conservación del edificio ó lugar.

2º Los destinados á establecimiento de reunión ó recreo.

3º Cualesquiera otros que no constituyan domicilio de un particular.

4º Los buques del Estado.

Art. 497. Para la entrada y registro en el palacio de cualquiera de los Cuerpos Colegisladores se necesita la autorización del Presidente respectivo.

Art. 498. Para la entrada y registro en los edificios y dependencias del Ejército ó de la Armada de guerra, y en los buques deberá preceder aviso al Jefe superior del local, establecimiento ó buque, á fin de que preste el debido auxilio.

En los buques extranjeros de guerra se solicitará permiso del Comandante. La falta de su autorización se suplirá con la del Embajador ó Ministro de la Nación á que pertenezca.

Art. 499. Si se tratase de edificio ó lugar público de los comprendidos en los números 1º y 3º del artículo 496, el Juez instructor reclamará el permiso á la Autoridad ó Jefe de que aquéllos dependan en la misma población, bastando que sea verbal en casos de urgencia.

Si no lo otorgase en el término que se le fije, se ejecutará el acto, pasando aviso al encargado de la conservación ó custodia del edificio ó lugar en que haya de efectuarse.

Art. 500. Cuando el edificio ó lugar fuese de los comprendidos en el número 2º del artículo 496, el aviso se dará á la persona que se halle al frente del establecimiento de reunión ó recreo, ó á quien haga sus veces si aquél estuviese ausente.

Art. 501. Podrá asimismo el Juez instructor, en los casos señalados en el artículo 495, disponer la entrada y registro en cualquiera edificio ó lugar cerrado, ó parte de él, que constituya domicilio de un español ó extrangero residente en España: pero precediendo el consentimiento expreso ó sobrentendido del interesado.

Al efecto se le pasará un aviso firmado por el Secretario de las actuaciones.

En casos urgentes en que se tema la evasión de los culpables ó la desaparición de las pruebas del delito, si pedido el permiso por el instructor le fuese negado, procederá sin más trámites á penetrar en el edificio y á practicar el registro, haciendo constar en la oportuna diligencia los motivos de su resolución, la cual diligencia será firmada por el interesado ó por dos testigos en su defecto.

Art. 502. Cuando no fuese habido el interesado á la primera gestión en su busca, el aviso se dejará á la persona encargada del domicilio que sea mayor de edad, prefiriendo á los individuos de la familia.

No hallándose á nadie, se hará constar esta circunstancia por diligencia que suscribirán dos testigos.

Art. 503. Si transcurrido el tiempo prudencial necesario no hubiese el Juez instructor obtenido el consentimiento oportuno, podrá penetrar en el domicilio y hacer el reconocimiento en la forma prevenida en el párrafo último del artículo 501.

Art. 504. Se reputa domicilio para el objeto de los artículos anteriores:

1º Los Palacios Reales, estén ó no habitados por el Monarca.

2º El edificio ó lugar cerrado ó parte de él, destinado principalmente á la habitación de cualquier español ó extranjero residente en España.

3º Los buques nacionales mercantes.

Art. 505. Para registrar en el Palacio en el que se halle residiendo el Rey, será necesario obtener Real licencia por conducto del Jefe superior de Palacio.

En donde el Rey no residiere, la licencia se solicitará directamente del Jefe ó empleado que tuviere á su cargo la custodia del edificio.

Art. 506. Los cafés, tabernas, posadas, fondas y otros establecimientos de índole análoga, no se reputarán domicilio de los que se encuentren ó residan en ellos temporal ó accidentalmente, y lo serán tan sólo de los dueños que se hallen al frente de los mismos y habiten con sus familias en la parte de edificio á este servicio destinada.

Art. 507. Para la entrada y registro en los edificios destinados á la habitación ú oficina de los representantes de naciones extranjeras acreditados cerca del Gobierno de España, se pedirá á éstos la venia por medio de atento oficio, rogándoles que contesten en el término de doce horas.

Transcurrido éste sin haberlo hecho, ó cuando el representante denegase el permiso, el Juez instructor lo pondrá en conocimiento de la Autoridad militar competente, la cual lo comunicará sin pérdida de tiempo al Ministro de la Guerra á fin de que proceda á lo que hubiere lugar.

Art. 508. En los buques mercantes extrangeros no se podrá entrar sin la autorización de su Capitán, ó si éste la denegase, sin la del Cónsul de su nación. A falta de una y otra se observarán las formalidades prescriptas en el artículo anterior.

Art. 509. En las habitaciones de los Cónsules extranjeros y en sus oficinas se podrá entrar, pasándoles previamente recado de atención y observándose las formalidades prescriptas en las leyes.

Art. 510. Desde el momento en que el Juez instructor acuerde la entrada y registro en cualquier edificio ó lugar cerrado, adoptará las medidas de vigilancia convenientes para evitar que se defraude de algún modo el objeto de la diligencia, valiéndose para ello de la fuerza pública si lo considerase necesario.

Art. 511. El registro se hará, siendo posible, á presencia del interesado ó de la persona que le represente, y en su defecto, á presencia de un individuo de su familia, mayor de edad, y si no le hubiese, de dos testigos vecinos del pueblo.

De todos modos, deberán estar presentes al registro el Secretario de las actuaciones y dos testigos elegidos al efecto, sin contar los que puedan nombrarse en el caso señalado en el párrafo anterior.

Art. 512. Deberán evitarse en los registros las inspecciones inútiles, procurando no perjudicar ni importunar al interesado más de lo necesario, y adoptando todo género de precauciones para no comprometer su reputación ni hacer público sus secretos, si no interesan á la instrucción de las actuaciones.

Art. 513. Sólo se suspenderá el acto del registro cuando por algún motivo muy justificado no sea posible continuarlo.

En caso de suspensión, además de las medidas de vigilancia de que trata el artículo 510, el Juez instructor podrá acordar que se cierre el local y se sellen los muebles no registrados, previniendo á los que se hallen en el edificio ó lugar de la diligencia que no levanten los sellos, violenten las cerraduras ni permitan que lo hagan otras personas, bajo la responsabilidad establecida en las leyes.

Art. 514. En la diligencia que se extienda sobre la entrada y registro en el edificio ó lugar cerrado, se expresarán los nombres de las personas que intervengan, los incidentes que ocurran, la relación de lo registrado por el orden con que se lleve á efecto, los resultados obtenidos y la hora en que se principia y acaba.

Art. 515. No se ordenerá el registro de los libros y papeles de contabilidad del procesado ó de otra persona sino cuando hubiere indicios graves de que de esta diligencia resultará el descubrimiento ó la comprobación de algún hecho ó circunstancia importante.

Art. 516. El Juez instructor recogerá los instrumentos y efectos del delito, así como también los documentos, papeles ó cualesquiera otros objetos que fueren necesarios para el procedimiento.

Los documentos y papeles que se recojan serán numerados, sellados y rubricados en todas sus hojas por el Juez instructor, y el interesado ó quien le represente.

En cuanto á los libros impresos, bastará reseñarlos, sellando y rubricando la primera página.

No serán objeto de investigación ó exámen general los libros, correspondencia y demás documentos puramentes mercantiles, los cuales sólo podrán ser reconocidos en caso de absoluta necesidad á presencia del comerciante ó de la persona que comisione y con relación exclusivamente á los fines concretos del procedimiento.

Art. 517. El Juez instructor podrá también acordar la detención, apertura y exámen de la correspondencia privada postal, telegráfica ó de cualquier otra clase que el procesado remitiese ó resibiese.

Art. 518. La detención podrá encomendarse á los Administradores ó encargados de los servicios de correos, telégrafos, teléfonos ó de cualquier otra clase de comunicaciones, en los sitios donde la correspondencia se hallere.

Art. 519. En la diligencia en que se acuerde la detención y registro de la correspondencia ó la entrega de copias de telegramas transmitidos, se expresará detalladamente lo que halla de ser objeto de dicha diligencia, designándose las personas á cuyo nombre estuviese expedida la correspondencia y todas las demás circunstancias que se consideren conducentes al caso.

Art. 520. El empleado que hiciere la detención remitirá inmediatamente la correspondencia detenida al Juez instructor de las actuaciones, por medio de oficio, en que expresará el número de cartas, pliegos ó telegramas que acompañe.

Art. 521. Para la apertura y registro de la correspondencia postal se citará, á ser posible, al interesado.

Este, ó la persona que designe, pódrá presenciar la operación; pero si estuviese en rebeldía, no pudiera asistir al acto, ó dejase de nombrar persona que le represente, se ejecutará á presencia de dos testigos.

Art. 522. Despues de leer para sí el Juez instructor la correspondencia, apartará la que se relacione con los hechos de la causa y que considere necesario conservar.

Los sobres y hojas de esta correspondencia se sellarán por el instructor, se rubricarán por todos los asistentes, y se unirán á los autos.

Art. 523. La correspondencia que no tenga relación con los hechos perseguidos, será entregada en el acto al procesado ó á su representante y en el defecto de éstos á un individuo de la familia de aquél, mayor de edad, ó la conservará en su poder el Juez instructor en pliego cerrado, hasta que halla persona á quien entregarla.

## TITULO XIV.

### DE LOS EMBARGOS Y FIANZAS.

Art. 524. Cuando de las actuaciones del sumario aparezcan contra el procesado cargos que puedan producir responsabilidades civiles, el Juez instructor dispondrá el embargo de los bienes de aquél en la cantidad que considere suficiente, á no ser que el interesado preste fianza bastante para responder en caso de condena.

Art. 525. Las actuaciones á que diere lugar el embargo ó la fianza se instruirán en piezas separadas.

Art. 526. Cuando el embargo haya de ejecutarse en bienes raíces de la pertenencia del procesado, el instructor dará comisión á un Juez ordinario.

Podrán no obstante en casos de reconocida urgencia dirigirse directamente á los Registradores de la propiedad reclamando las certificaciones que sean necesarias ó pidiendo la inscripción de anotaciones preventivas, ora por razón de procedimientos judiciales, ora en virtud de procedimientos de carácter administrativo.

Art. 527. Los Jueces ordinarios comisionados por la jurisdicción de Guerra para ejecutar embargos ú otras diligencias al tenor de lo dispuesto en este título, acusarán inmediato recibo y procederán de oficio, ajustándose á las disposiciones de las leyes comunes, y con todo celo y actividad, á fin de que no queden defraudados los intereses de la justicia.

Art. 528. Cuando el embargo no haya de recaer en bienes raíces, el Juez instructor observará las reglas siguientes:

1ª. Los que consistieren en metálico, efectos públicos, valores mercantiles ó industriales cotizables, ó alhajas de oro, plata, ó pedrería, se depositarán en un establecimiento público de los destinados por la Ley para este objeto.

2ª Los demás bienes muebles ó semovientes se depositarán bajo inventario en poder de persona abonada á juicio del instructor.

3ª Si el interesado optare por la enajenación de los semovientes, ó el Juez instructor la considerase necesaria para evitar que resulte ineficáz el embargo, se procederá á ella prévia tasación por peritos y con intervención del dueño ó de la persona que para el efecto éste designe, y se depositará el importe según lo prevenido en la regla 1ª.

4ª Si para evitar el embargo ofreciere el interesado la prestación de fianza, el Juez instructor no le admitirá más que la personal, en cuyo caso el fiador deberá ser persona conocidamente abonada, obligándose á responder de la cantidad que se le señale.

5ª Si se presentaran reclamaciones por terceras personas en demanda de los bienes embargados, y la Autoridad judicial no las considerase manifiestamente justas para resolver de plano, mandará sacar y remitir al Juzgado de primera instancia que corresponda el testimonio oportuno, para que decida en justicia.

En este caso, el Ministerio fiscal de la jurisdicción ordinaria representará á la de Guerra en lo que se refiera al sostenimiento del embargo, sin perjuicio de la intervención de la persona que deba ser indemnizada.

Art. 529. Cuando el procesado cuyos bienes deban ser embargados no fuere habido, se harán los requerimientos necesarios á su mujer, hijos, apoderado, criados ó personas que se encuentren en su domicilio.

No habiendo ninguna, ó negándose las que se encuentren á señalar bienes, se procederá al embago en la forma prevenida en el artículo 528 según los casos.

Art. 530. Para asegurar las responsabilidades civiles que puedan resultar de las actuaciones, cuando el procesado sea Oficial del Ejército, se procederá ante todo á retenerle la parte de su sueldo que reglamentariamente corresponda, y los créditos y alcances que tuviere á su favor en la cantidad que el Juez instructor considere suficientes para cubrir aquéllas responsabilidades, quedando todo á disposición de éste en la caja del cuerpo ó en cualquiera de los establecimientos públicos destinados por la Ley á tal objeto.

A los individuos de las clases de tropa no se les retendrán sus haberes ni aún por disposición de los Tribunales ordinarios. Solo podrán ser objeto de embargo sus créditos y alcances, los premios de enganches y reenganches y los bienes propios.

Los sueldos retenidos á los Oficiales les serán devueltos cuando obtengan la absolución ó se sobresean las actuaciones libremente.

El embargo se levantará por la misma causa en todos los casos en que se hubiere constituído sobre créditos, alcances, premios ó bienes de otra clase.

Art. 531. La responsabilidad que resulte contra terceras personas, deberá exijirse ante los Tribunales comunes á instancia de los interesados.

# TITULO XV.

## DE LA CONCLUSION DEL SUMARIO Y DEL SOBRESEIMIENTO.

## CAPITULO PRIMERO.

### *De la conclusión del sumario.*

Art. 532. Practicadas por el Juez instructor todas las diligencias para la comprobación del delito y averiguación de las personas responsables, expondrá en un dictamen el resultado del sumario elevando las actuaciones á la Autoridad judicial.

Art. 533. Recibidas por ésta, acordará su pase al Auditor, quien informará en el más breve plazo posible, proponiendo una de las tres soluciones siguientes:

1ª La ampliación del sumario, cuando advierta en él omisiones importantes que afecten á la validez legal del procedimiento, señalando las diligencias que deban ampliarse ó practicarse de nuevo.

2ª El sobreseimiento para todos ó algunos de los sumariados, manifestando la forma en que haya de dictarse.

3ª La elevación de la causa á plenario.

Art. 534. El Auditor propondrá al propio tiempo lo que proceda respecto á la libertad provisional ó atenuación de la prisión del procesado, en su caso, y á la devolución á sus legítimos dueños de los efectos relacionados con el delito.

## CAPITULO II.

### *Del sobreseimiento.*

Art. 535. El sobreseimiento puede comprender á todos ó alguno de los procesados.

En cuanto á sus efectos, es definitivo ó provisional.

El definitivo impide todo ulterior procedimiento sobre los mismos hechos. El provisional permite abrir de nuevo las actuaciones, siempre que aparezcan méritos para ello.

Art. 536. Procede el sobreseimiento definitivo:

1º Cuando elevado á sumario un procedimiento previo, no resulten indicios racionales de haberse perpetrado el hecho perseguido.

2º Cuando éste no constituya delito ó hubiere sido debidamente juzgado por sentencia firme.

3º Cuando el procesado aparezca exento de responsabilidad criminal ó se hayan desvanecido por completo los indicios que hubieran dado motivo para proceder contra él.

4º Por fallecimiento del procesado á no haber responsabilidades civiles que exigir.

5º Cuando en conformidad á la ley se extinga la acción penal.

Art. 537. Si al decretarse el sobreseimiento definitivo resultare que el procesado es responsable de falta que deba corregirse gubernativamente, se le impondrá por la Autoridad judicial la corrección á que se hiciere acreedor, la cual no se reputará pena al tenor de lo establecido en el art. 176.

Si la falta no fuese de la competencia de la jurisdicción de Guerra, se librará el oportuno testimonio al Tribunal que de ella deba conocer.

Art. 538. Procede el sobreseimiento provisional.

1º Cuando no resulte debidamente justificada la perpetración del delito perseguido.

2º Cuando resulte del sumario haberse cometido un delito, pero no haya motivos suficientes para acusar de él á determinada persona.

3º Cuando tratándose de los delitos de violación ó rapto, medie perdón de la parte ofendida á condición de que se verifique el matrimonio con el ofensor, y tan pronto como transcurra el plazo señalado al efecto para los individuos de las clases de tropa si el acusado pertenece á alguna de ellas.

Art. 539. Decretado el sobreseimiento, se remitirá al Consejo Supremo el testimonio que previene el art. 28, núm. 12, archivándose las actuaciones y las piezas de convicción que no tengan dueño conocido.

Las que tengan dueño conocido continuarán retenidas si hubiese pendiente reclamación de tercera persona.

De no hacerse constar en el término de seis meses que la acción civil se ha entablado, estas últimas piezas de convicción se entregarán á su dueño, reputándose por tal al que las poseyese al ser ocupadas.

# TITULO XVI.

## DEL PLENARIO.

## CAPITULO PRIMERO.

### *De las diligencias del plenario hasta el estado de prueba.*

Art. 540. Todas las actuaciones del plenario serán públicas.

Art. 541. Elevada la causa á plenario, se remitirá por la Autoridad judicial al Fiscal que corresponda, previo el oportuno nombramiento en su caso.

Art. 542. El Fiscal expondrá concretamente en su dictamen:

1º La apreciación de los hechos resultado del sumario.

2º Los cargos que aparezcan contra cada uno de los procesados.

3º Si deben éstos continuar en prisión ó ha de ser atenuada.

4º La designación de los objetos ocupados que sin inconveniente puedan devolverse á sus legítimos dueños.

5º La prueba que estime pertinente en su caso, ó la renuncia á la práctica de diligencias ulteriores.

Art. 543. Evacuado el anterior dictamen, el Fiscal remitirá la causa al Juez instructor, quien requerirá al procesado para que nombre defensor, con arreglo á los artículos 144, 145 y 146.

Art. 544. Cuando se negase á elegirlo, el instructor dará cuenta á la Autoridad judicial para que lo nombre de oficio.

Art. 545. El nombramiento de defensor se hará saber al elegido por medio de oficio, exigiéndole que manifieste sin demora su aceptación, que se hará constar.

Art. 546. Un mismo defensor podrá patrocinar á varios procesados en la causa.

Art. 547. En caso que varios procesados eligieran un mismo defensor y hubiera incompatibilidad entre la defensa de unos y otros, el nombramiento solo aprovechará al primero que lo eligió, debiendo el Juez instructor requerir á los demás para que hagan nueva elección.

Art. 548. Nombrado el defensor, el instructor hará comparecer al acusado asistido de aquél, y le enterará de los cargos que le resulten del sumario, leyéndole al efecto las declaraciones y diligencias en que se funden, así como las que pidiere el defensor y todas las que se crean conducentes á la defensa.

Acto seguido le preguntará:

1º Si tiene que alegar incompetencia de jurisdicción, excepción de cosa juzgada, prescripción del delito, aplicación de amnistía ú otra causa incidental que deba resolverse previamente, consignando, en caso afirmativo, los medios de acreditarlo.

2º Si tiene que enmendar ó ampliar sus declaraciones.

3º Si se conforma con los cargos que se le hacen en el escrito de que trata el art. 542.

4º Si interesa á su defensa que se ratifique en sus declaraciones algún testigo del sumario, ó que se practique alguna diligencia de prueba y cual sea ésta.

El defensor, en el acto de la comparecencia, podrá tomar las notas que crea necesarias de lo que presencie y oiga, teniendo derecho á protestar de las ilegalidades que á su juicio se cometan, pero sin dictar las respuestas del acusado ni usar de la palabra en vez de éste.

Art. 549. Cuando el procesado propusiera alguna de las excepciones expresadas en el núm. 1º del artículo anterior, el instructor remitirá los autos á la Autoridad judicial para la resolución que corresponda. Esta será inapelable.

Art. 550. Si manifestase el procesado hallarse conforme en su totalidad con los cargos que le resulten del sumario y renunciase á la práctica de diligencias ulteriores, se dará por conclusa la causa.

Art. 551. Cuando el procesado no se conforme con los cargos, ó cuando siendo varios los procesados, unos se conformen y otros no, continuará la tramitación de las actuaciones, omitiéndose las diligencias de ampliación que se refieran á los que hubiesen manifestado su conformidad.

## CAPITULO II.

### *De la prueba.*

Art. 552. Las diligencias de prueba que pueden practicarse á instancia del Fiscal ó á propuesta del defensor en los procedimientos militares son las siguientes:

Reconocimiento ó inspección ocular de lugares, objetos ó documentos.

Informes periciales.

Ratificación de los testigos deponentes en el sumario.

Delaraciones de nuevos testigos cuando se trate de delitos comunes.

Este medio de prueba habrá de articularse precisamente en la comparecencia á que se refiere el art. 548.

Art. 553. Sólo se admitirán las diligencias de prueba pertinentes al mejor esclarecimiento de los hechos perseguidos y de las responsabilidades contraídas, según los méritos de lo actuado, sin que proceda la práctica de las que no se funden en indicios bastantes que resulten préviamente de los autos.

Art. 554. Ante el Consejo de guerra sólo se verificará el reconocimiento de objetos ó documentos, se oirán los informes periciales, se examinará á los testigos presentes ratificados, y á los que por vez primera hayan depuesto en el plenario.

Art. 555. El instructor practicará previamente la inspección de lugares y la ratificación de testigos pedidas por el Fiscal y defensor, y tomará las declaraciones nuevas que se hayan propuesto.

Art. 556. La observación facultativa precederá también al informe pericial que haya de emitirse ante el Consejo.

Art. 557. La ratificación de testigos ausentes se evacuará por interrogatorio, al cual podrá adicionar el instructor las preguntas y repreguntas que crea oportunas.

Los testigos que hubiesen declarado por informe ó certificación, se ratificarán en esta misma forma.

Art. 558. Si el testigo que deba ratificarse hubiese muerto, se ignorase su paradero ó se hallase en punto donde no sea fácil practicar la diligencia sin demorar demasiado el curso del procedimiento, se suplirá la ratificación por un informe de abono, en que dos personas de probidad declaren á presencia del defensor sobre el concepto que les merezca el testigo, y si le consideran digno de crédito.

Art. 559. Cuando los actos de prueba á que tiene derecho de asistir el defensor se verifiquen fuera del punto en que se sigan las actuaciones, se requerirá al procesado por si quiere nombrar persona que le represente en donde aquéllas hayan de tener lugar. Si no lo designase, se le proveerá, si fuese posible, de un defensor provisional en la forma prevenida en el artículo 544.

Art. 560. Terminada la prueba que hubiere practicado el Juez instructor en los casos en que esto proceda, elevará los autos á la Autoridad judicial.

Dicha Autoridad los pasará al Auditor para que proponga que se amplíen las diligencias de prueba, que se practiquen otras nuevas, que se subsane algún defecto ó que se proceda á la celebración del Consejo de guerra, previos los trámites de acusación y defensa.

Art. 561. Cuando se disponga la ampliación ó práctica de nuevas diligencias, verificada que sea, volverá el Fiscal á remitir los autos á la Autoridad judicial para los efectos prevenidos en el artículo anterior.

## CAPITULO III.

### *De la acusación fiscal y de la defensa.*

Art. 562. Recibidos por el Fiscal los autos, extenderá su acusación en el término de veinticuatro horas, que podrá ampliarse á tres días, según el volumen del proceso.

La acusación Fiscal comprenderá:

1º La exposición metódica de los hechos que resulten de lo actuado y su calificación legal, en vista de la prueba practicada en el plenario.

2º La participación que en ellos hubieren tenido los procesados.

3º La circunstancia que modifique la responsabilidad de los mismos.

4º Las penas que considere deban imponerse á ca

uno de éstos, y si procede ó no abonarles la mitad de la prisión preventiva.

5º Las responsabilidades civiles por los mismos contraidas ó su sustitución en la fórma legal que corresponda.

6º La absolución libre si resultare la inocencia del procesado, su irresponsabilidad legal ó la falta de prueba bastante para declararle culpable.

7º Las citas de las disposiciones legales que deban ser aplicadas.

Art. 563. Extendido el escrito de acusación, remitirá la causa al Juez instructor, quien la entregará bajo recibo al defensor, y si hubiere más de uno, la pondrá de manifiesto en su propia casa ó en su residencia oficial, para que puedan estudiarla y preparar la defensa. En ambos casos señalará á los defensores para el referido estudio el término de veinticuatro horas, que podrá extenderse hasta diez días si su volumen, complicación ó número de defensores así lo exigiese.

Art. 564. Pasado el término señalado, el instructor la recogerá.

Art. 565. El defensor se limitará en su escrito á aceptar ó combatir los puntos de hecho y de derecho contenidos en la acusación fiscal, exponiendo después las razones que conduzcan á demostrar la inocencia de su defendido ó atenuar su responsabilidad, pero contrayéndose siempre al objeto del procedimiento.

## CAPITULO IV.

*De la celebración del Consejo de guerra.*

### Sección primera.

De la constitución del Consejo.

Art. 566. Recogidos los autos del defensor, el Juez instructor solicitará la orden para la celebración del Consejo de guerra y la designación de los que deban componerle

Esta orden se insertará en la general de la plaza, cantón, ó campamento, y contendrá el nombre del acusado, delito por que lo sea, el día, hora y sitio en que haya de tener lugar el acto y la relación de los designados para constituir el Tribunal, comprendidos los suplentes, con expresión de los nombres y empleos de cada uno.

En la misma orden se citará á los Oficiales francos de servicio para que asistan al acto de la vista.

Art. 567. La Autoridad judicial comunicará, por medio de oficio, su nombramiento á los que deban componer el Consejo de guerra de Oficiales generales.

Art. 568. El instructor, tan luego como reciba la orden, notificará al procesado los nombres del Presidente y Vocales y Asesor, si lo hubiere, á los efectos del art. 362; hará las citaciones necesarias para la práctica de la prueba ante el Consejo, y al propio tiempo citará al Fiscal y al defensor para su asistencia al acto.

Art. 569. En el lugar de la celebración del Consejo se hallarán á la disposición de éste el Código de justicia militar, el penal común y los instrumentos del delito que sean manuables.

Art. 570. El Presidente del Consejo tomará asiento en el sitio de preferencia, y los Vocales efectivos y suplentes á los lados, ocupando el más caracterizado por su empleo y antigüedad el primer sitio de la derecha inmediato á la presidencia, y siguiéndole en el mismo orden los restantes. A la izquierda del Presidente el Asesor, cuando asista.

El Juez instructor ocupará asiento frente al del Presidente, y el Fiscal y los defensores á derecha é izquierda respectivamente.

Cuando asistan al Consejo en clase de Vocal individuos de los cuerpos auxiliares se sentarán, según su antigüedad, á continuación de los Oficiales del Ejército que tengan su mismo empleo efectivo.

Los Vocales suplentes podrán retirarse una vez constituido el Consejo, si así lo acuerda el Presidente.

Sólo tendrán voto en caso de que se inhabilitase alguno de los efectivos.

Art. 571. Los procesados, sin armas ó escoltados convenientemente, estarán á disposición del Consejo en local inmediato.

Si quisieren asistir á la vista, ocuparán asiento frente á la mesa del Consejo, guardándose la conveniente paración entre los Oficiales y los individuos de las clases de tropa.

Art. 572. Ocupados los asientos por los que deban componer el Consejo, el Presidente lo declará constituído, expresando el objeto para que ha sido convocado.

Art. 573. Al Presidente del Consejo corresponde:

1º Dirigir el acto de la vista, dando las órdenes oportunas para que se ejecute la prueba, y concediendo ó negando su venia para que sean contestadas las preguntas dirigidas al acusado y los testigos, y para la lectura de los escritos de acusación y defensa.

2º Resolver las reclamaciones de precedencia que se susciten entre los vocales.

3º Dictar las disposiciones necesarias para la conservación del orden en el lugar donde el Consejo se celebre.

4º Disponer la expulsión ó la detención de los que falten de algún modo al respeto debido al Tribunal, ó cometieren en aquel sitio actos castigados por la ley, poniéndolos en este caso á disposición de la Autoridad judicial.

Cuando ésta lo creyese conveniente nombrará un piquete á disposicion del Presidente del Consejo.

Art. 574. El Consejo terminará sus funciones en el mismo día; pero si por la extención ó complicación de la causa ó por otros motivos esto no fuese posible, el Presidente suspenderá el acto durante las horas que estime necesarias, dando cuenta á la Autoridad judicial.

## Sección segunda.

### *De la vista ante el Consejo.*

Art. 575. Los Consejos de guerra serán públicos, y los asistentes al acto estarán descubiertos.

Sin embargo, cuando razones de moralidad ú otros respetos lo exigeren, ó cuando así convenga para la conservación del orden ó de la disciplina, la Autoridad judicial podrá acordar que se verifiquen á puerta cerrada.

También el Presidente del Consejo podrá acordar lo mismo cuando por incidentes del acto lo considere conveniente.

Art. 576. La vista empezará por la relación del pro-

ceso, que hará el Juez instructor, leyendo las actuaciones que sean esenciales, y dando brevemente cuenta de las de mera sustanciación, á cuyo fin hará previamente un rápido apuntamiento de los autos.

Art. 577. Terminado el relato, si el Fiscal ó el defensor lo pidiere, podrá el Presidente acordar la lectura íntegra de alguna de las diligencias de que se hubiere dado cuenta sucintamente.

Art. 578. Fuera del local en que se celebre el Consejo, estarán prontos los testigos que hayan de ser examinados, debiendo comparecer por separado y contestar las preguntas que se les dirijan, así por el Fiscal como por el Asesor y defensores, siempre que el Presidente las juzgue admisibles.

También podrá formular preguntas el Presidente y los Vocales.

Art. 579. Iguales reglas se observarán con relación á los peritos que informen ante el Consejo.

Art. 580. El reconocimiento de objetos ó documentos se verificará sometiendo unos ú otros al examen del Consejo.

Art. 581. Practicada la prueba ante el Consejo, el Fiscal leerá su acusación, ratificando ó modificando de palabra las calificaciones consignadas en su escrito del art. 562. Se levantará al pronunciar la fórmula final en nombre del Rey.

El defensor leerá acto seguido su defensa, que podrá modificar también en igual forma, y al concluir la entregará al Presidente.

Si no concurriese á la vista, sin perjuicio de la responsabilidad que por ello contraiga, leerá la defensa el Juez instructor.

Art. 582. Si el Presidente notara en el escrito de defensa algo irrespetuoso ó impropio del acto, mandará suspender la lectura y despejará la sala.

A puerta cerrada concluirá el defensor de leer su escrito, y tan pronto como lo termine volverá á hacerse pública la vista.

Art. 583. En seguida el Presidente preguntará al acusado si tiene algo que exponer al Consejo, permitiéndole que lo haga en pie y en términos convenientes y respetuosos.

Art. 584. Practicadas las anteriores diligencias, el Presidente declarará terminado el acto y el Consejo se constituirá en sesión secreta.

Art. 585. Durante la vista, el Juez instructor, auxiliado por el Secretario, tomará notas para extender un acta en que conste:

1º La reunión del Consejo.

2º La asistencia del Fiscal, defensores, Asesor, cuando lo hubiere, y los procesados.

3º Si el acto ha sido ó no público.

4º Relación sucinta de lo sustancial de la prueba en él practicada, que modifique de algún modo el contenido de los autos.

5º Si la acusación fiscal ó la defensa han sido modificadas en sus conclusiones.

6º Expresión de cuantos hechos importantes hubiesen ocurrido.

El acta la extenderá el intructor ó la dictará el Secretario fuera del local del Consejo en tanto que éste delibera, y con la conformidad y media firma del Presidente la unirá á los autos á continuación de los escritos de defensa.

## Sección tercera.

### *De la liberación y sentencia del Consejo.*

Art. 586. Constituído el Consejo en sesión secreta, el Asesor, cuando á él asista, formulará por escrito y firmada su opinión.

El Consejo deliberará sobre los hechos y las pruebas que resulten, y terminada la discusión sobre cada uno de los puntos que esté llamado á resolver, procederá á la votación.

El escrito del Asesor se unirá á los autos inmediatamente después de la defensa.

Art. 587. Las votaciones empezarán por el más moderno de los Vocales y concluirán por el Presidente, produciendo acuerdo lo que resuelva la mayoría absoluta.

Art. 588. Cuando por ser diversas las opiniones de los Vocales ninguna alcance mayoría absoluta, se agregarán los votos que contengan declaraciones más graves para el acusado á los que le sigan en gravedad, haciéndose esta agregación de mayor á menor tantas veces como sea necesario, hasta reunir cuatro votos ó más.

Se considerará mayoría legal la que se obtenga en virtud del procedimiento establecido en el párrafo anterior.

Art. 589. Ninguno de los Vocales podrá abstenerse de votar.

Art. 590. Empezada la deliberación, no se disolverá el Consejo sin haber pronunciado sentencia.

Art. 591. En los fallos se limitará á absolver ó condenar á los procesados, absteniéndose de hacer pronunciamientos de ninguna clase contra personas no sometidas á la causa.

En caso que resultaren cargos contra persona no comprendida en el procedimiento, se limitará á llamar la atención de la Autoridad judicial para que resuelva lo procedente.

Ant. 592. El Consejo, al penar el delito objeto de la causa, corregirá también las faltas incidentales que con él se relacionen; pero si encontrare que el hecho perseguido no es delito y sí falta, absolverá al acusado del primero y llamará la atención de la Autoridad judicial para que disponga lo procedente respecto á la última.

Art. 593. Terminada la votación de la sentencia, se llamará al Juez instructor para que la redacte.

Esta deberá contener:

1º Las declaraciones hechas por el Consejo respecto al delito y á las responsabilidades que afecten á cada uno de los procesados.

2º El señalamiento de las penas principales y accesorias que se impongan, haciéndo mérito, cuando proceda, del abono del tiempo de prisión sufrida preventivamente,

3º Las citas de los artículos de la ley ó leyes en que se funden las declaraciones y penas contenidas en el fallo.

Art. 594. La sentencia la firmarán todos los Vocales, hayan estado ó no conformes con sus conclusiones, empezando por el Presidente y siguiendo por su orden los demás.

Los que hubieren disentido, extenderán por separado voto particular.

Art. 595. El voto ó votos particulares se unirán á los autos y serán suscritos por los votantes y autorizados con media firma por el Presidente.

Art. 596. La sentencia que el Consejo de guerra pro

nuncie, no se hará pública ni se notificará á los procesados hasta después de haber sido declarada firme.

Art. 597. El Juez instructor remitirá la causa á la Autoridad judicial, y ésta la pasará á su Auditor para que emita dictamen, proponiendo la aprobación de la sentencia si fuere de las que pueden ser ejecutorias, mediante dicha aprobación, ó la remisión de los autos al Consejo Supremo en otro caso, ó en el de no considerarla arreglada á la ley.

Cuando la Autoridad judicial remita los autos al Consejo Supremo de Guerra y Marina, se requerirá á los acusados para que desde luego nombren defensor que les represente en aquel Tribunal; debiendo comparecer ante el mismo, aceptando la defensa, en el término de diez días en las causas procedentes de la Península; quince en las de Baleares, Canarias y posesiones de Africa; treinta en las de Cuba y Puerto Rico, y cincuenta en las de Filipinas, á contar desde la fecha de remisión de las actuaciones.

Art. 598. Antes de remitir al Consejo Supremo el proceso original en los casos en que así corresponda, el Juez instructor sacará testimonio de la acusación, de la defensa, de la sentencia, del dictamen del Auditor y del decreto de la Autoridad judicial, y lo entregará á ésta para su archivo.

## TITULO XVII.

### DE LOS PROCEDIMIENTOS ANTE EL CONSEJO SUPREMO DE GUERRA Y MARINA.

### CAPITULO PRIMERO.

#### *De los negocios judiciales que se eleven al Consejo procedentes de los Ejércitos ó distritos.*

Art. 599. Los procesos, sumarias, testimonios é incidentes de carácter judicial que se eleven al Consejo Supremo de Guerra y Marina, se dirigirán con oficio de remisión á su Presidente, acusando el recibo el Secretario tan luego como aquéllos lleguen al Consejo.

Art. 600. Anotados que sean en el registro de Secretaría, se pasarán al Secretario Relator que corresponda, acompañando el parte de la formación del procedimiento que la Autoridad judicial debió remitir, en conformidad á lo dispuesto en el art. 400.

Art. 601. El Secretario Relator formará expediente separado para las actuaciones que se sigan ante el Consejo.

Una vez personado el defensor dentro de los plazos que establece el art. 597, ó nombrado de oficio en otro caso, se dará traslado á los Fiscales y después á la defensa, á fin de que aleguen lo que á su respectiva representación convenga.

No podrán, sin embargo, pedir se practique prueba alguna ante el Consejo Supremo.

Art. 602. Este tendrá facultad pare declarar la nulidad de todo ó parte de lo actuado, disponiendo en tal caso la devolución de los autos á la Autoridad judicial de que procedan, á fin de que, reponiendo la instrucción al estado que se prevenga, mande practicar las diligencias que correspondan.

Art. 603. Sólo serán causas de nulidad de todo ó parte de un procedimiento las que se refieran directamente á lo sustancial del mismo:

1º Por haber intervenido en él alguna de las personas á quienes la ley declara incompatibles, no siendo recusables.

2º Por haberse omitido la indagatoria, la comparecencia del procesado para la lectura de cargos, el requerimiento para nombramiento de defensa, ó alguna de las diligencias absolutamente indispensables para formar prueba.

Art. 604. En los asuntos en que la Sala lo considere oportuno designará uno de sus individuos para que desempeñe las funciones de Ponente, á quien se pasarán los autos antes de la vista por el término que se señale.

Art. 605 Corresponde al Ponente:

1º Examinar los apuntamientos cuando se formen, autorizándolos con el Vº Bº

2º Redactar la sentencia con arreglo á lo acordado por la Sala, aunque su voto no haya sido conforme con el de la mayoría.

En este caso podrá el Presidente de la Sala encargar á otro Consejero la redacción de la sentencia si así lo estima conveniente.

Art. 606. Devueltos los autos por el Consejero ponente, si fuere nombrado, ó tan luego esté evacuada la defensa en otro caso, se señalará día para la vista.

Esta será pública, á no ser que por los motivos expresados en el art. 575 disponga el Presidente su celebración á puerta cerrada, pudiendo comparecer el Fiscal y el defensor á mantener de palabra sus conclusiones.

Art. 607. Celebrada la vista se procederá á votar la sentencia, empezando por el Consejero Togado más moderno y concluyendo por el Presidente. Si hubiese Ponente, la votación empezará siempre por éste.

Cuando hubiere divergencia de opiniones, de modo que ninguna reuna mayoría, se procederá según lo prevenido en el art. 588.

Art. 608. Si después de vista la causa y antes de la votación algún Consejero se imposibilitase y no pudiese asistir para emitir su voto, dará éste por escrito y lo enviará directamente al Presidente de la Sala.

Cuando un Consejero cesare en su destino votará las causas á cuya vista hubiere asistido.

Art. 609. El Consejero dictará las sentencias dentro del término de ocho días desde que se dió cuenta del negocio definitivamente ultimado, y de veinticuatro horas las resoluciones en materia de competencia de jurisdicción.

Art. 610. Una vez acordada la resolución, el Presidente de la Sala, ó el Ponente en su caso, la comunicará al Secretario Relator para que la extienda y se firme.

Hecho así, entregará aquél los autos al Secretario del Consejo con testimonio de la misma, visada por el Presidente de la Sala, á fin de que por la Presidencia del Consejo se curse todo á la Autoridad que deba darle cumplimiento.

Art. 611. De las sentencias dictadas contra Oficiales del Ejército se dará conocimiento al Ministro de la Guerra.

Art. 612. Cuando de los testimonios que se remitan al Consejo Supremo resulten méritos para suponer que se han contraído responsabilidades exigibles con arreglo á la ley, se reclamarán los autos, y oídos los Fiscales, se impondrá directamente la corrección disciplinaria que haya lugar, ó se mandará la formación del correspondiente procedimiento contra los presuntos responsables.

## CAPITULO II.

*Del modo de proceder el Consejo Reunido y la Sala de Justicia en los asuntos de que conozcan en única instancia.*

Art. 613. El Consejo Reunido y la Sala de justicia respectivamente, observarán en los negocios judiciales de que conozcan en única instancia los mismos procedimientos establecidos para los que hayan de verse en los Consejos de guerra, con las modificaciones siguientes:

1ª La instrucción de las actuaciones corresponde al Consejero que esté en turno para prestar este servicio.

Las funciones de Secretario las desempeñará el Relator en turno para el mismo.

2ª El turno para la designación del Consejero instructor comenzará por el más moderno de cada clase.

Se llevarán al efecto tres turnos: uno de los Generales del Ejército, otro de los de la Armada y otro de los Togados.

Corresponderá al de los Generales del Ejército cuando el delito sea de los previstos en las leyes penales militares.

Corresponderá al de los Generales de la Armada cuando el delito sea de los previstos en las leyes penales de la Marina.

Corresponderá al de los Togados cuando se trate de delito cometido por individuos del Ejército ó la Armada, ó personas no militares á quienés deban aplicarse las leyes comunes.

Cuando en una misma causa corresponda perseguir delitos militares y comunes, se atenderá para determinar el turno al hecho criminal que tenga señalada pena más grave.

3ª El Consejero instructor podrá encargar la práctica de todas ó parte de las diligencias sumariales á la Autoridad judicial del Ejército ó distrito donde la conveniencia lo exija. Dicha Autoridad nombrará instructor y Secretario que lleven á cabo dichas diligencias, dando cuenta al Consejo de los incidentes y demás cuestiones que se originen en la sustanciación, para que resuelva lo que proceda.

También podrá el citado Consejero nombrar directamente el instructor y Secretario, dando conocimiento á la Autoridad de quien dependan y á la del punto en que deban desempeñar la comisión.

El Consejero instructor, en todo cuanto se relacic

con el servicio de su cargo, se entenderá directamente con las Autoridades y funcionarios públicos, usando en sus comunicaciones el sello del Consejo.

4ª Terminado el sumario, el Secretario Relator dará cuenta al Tribunal, el cual, oyendo á sus Fiscales, acordará el sobreseimiento de las actuaciones ó su elevación á plenario, á no ser que adoleciesen de omisiones ó defectos esenciales, en cuyo caso se devolverán al instructor para que practique las diligencias necesarias.

5ª Acordada la elevación de los autos á plenario, volverán estos al Consejero instructor para la práctica de las diligencias propias de este período del juicio hasta el estado de vista.

Los Fiscales, poniéndose de acuerdo, podrán delegar en uno de sus Tenientes, en representación de ambos, para que intervenga en las diligencias del plenario.

También elegirán persona que les represente cuando dichas diligencias hayan de practicarse fuera del lugar de la residencia del Consejo.

6ª Terminada la prueba. si se hubiere efectuado previamente á la vista, el Consejero instructor entregará los autos al Tribunal, el cual, mandará formar apuntamiento, y hecho, se pasarán los autos á los Fiscales.

7ª De los dictámenes Fiscales se dará traslado á la defensa, que la evacuará en el plazo que fija el art. 563.

En casos urgentes, cuando hubiere distintos defensores, en vez de entregarles los autos, se pondrán de manifiesto en el local del Consejo para que puedan tomar las notas necesarias.

8ª Espirado el término de la defensa, el Tribunal señalará día para la vista, citándose al Ministerio fiscal, defensores y acusados.

El Ministerio fiscal estará representado en el acto de la vista por uno de los Fiscales ó de sus Tenientes, debiendo al efecto ponerse aquellos de acuerdo, caso de que no lo estuvieren se designará por el Consejo el que haya de asistir al acto.

9ª El acto comenzará por la lectura del apuntamiento, hecha por el Secretario Relator.

Después se practicará la prueba si la hubiere; seguidamente el mismo Secretario leerá los escritos de los Fiscales y el que asista, cuando lo crea conveniente, podrá ampliarlos de palabra.

Los defensores darán lectura á sus escritos de defensa y podran también informar verbalmente.

Cuando hubiere asistido al acto de la vista el procesado, el Presidente del Tribunal le preguntará si tiene algo que exponer, y expuesto en su caso lo que le conviniere, se declarará terminada la vista.

10a El Consejero instructor desempeñará siempre las funciones del Ponente.

Art. 614 En las discusiones, votaciones, sentencias y demás formalidades del juicio, no expresadas en este lugar, procederá el Tribunal con sujeción á lo establecido en el título anterior.

## CAPITULO III

*De la intervención de los Fiscales del Consejo en los negocios de justicia.*

Art. 615. En todos los negocios judiciales, los Fiscales del Consejo emitirán su informe por escrito, autorizándolo con su firma.

Podrán los Fiscales, cuando las conveniencias del servicio lo exijan, para facilitar el despacho, ponerse de acuerdo y suscribir una sola censura. También el Consejo podrá disponer que en asuntos urgentes emitan aquellos su parecer *in voce* ante la Sala correspondiente.

Art. 616. Los Fiscales darán preferencia para el despacho á las causas en que haya reos presos y á los demás asuntos que se pasen á su informe con carácter urgente.

Art 617. Podrán pedir los Fscales la unión al expediente de cuantos datos, antecedentes y documentos consideren necesarios á la mejor y más pronta ilustración de los autos.

Cuando los documentos, antecedentes y datos que pidieren no obren en el Consejo, éste acordará que se reclamen si lo estima pertinente.

Art. 618. Cuando tuvieren los Fiscales que dirigirse al Consejo haciendo por su propia iniciativa alguna petición, lo efectuarán por medio de escrito con encabezamiento. «Al consejo reunido», ó «A la Sala de Justicia, según corresponda, y con firma entera.

## CAPITULO IV.

### *De las resoluciones del Consejo en materia de justicia.*

Art. 619. Las resoluciones en materia de justicia se denominarán acuerdos, decretos, providencias y sentencias.

Art. 620. Son acuerdos: las resoluciones que se eleven al Gobierno consultando un asunto ó evacuando un informe.

Art. 621. Son decretos: las resoluciones de mera tramitación.

Art. 622. Son providencias: las resoluciones de incidentes en los juicios y las que determinan el sobreseimiento de los mismos.

Art. 623. Son sentencias: las resoluciones definitivas de los procedimientos judiciales.

Art. 624 Los acuerdos serán fundados.

En los casos en que estén conformes con el dictamen escrito de alguno de los Fiscales y con los fundamentos en que lo apoye, bastará que el acuerdo exprese la conformidad en ambos puntos.

Art 625. Todo acuerdo, decreto ó providencia será extendido por el Secretario Relator que de cuenta, y aprobado por el Tribunal que lo dictó; lo rubricará el Presidente y lo firmará el Secretario Relator.

Art. 626. Las sentencias serán fundadas y extendidas también por el Secretario Relator.

Aprobada que sea la relación de la sentencia, la firmarán los Consejeros que hubieren asistido á la vista, y la autorizará el Secretario Relator.

Art. 627 Los Consejeros que tomen parte en la votación de una sentencia, la firmaran aunque hayan disentido de la mayoria, sin perjuicio del derecho de salvar su voto, consignándolo en el libro reservado que se llevará al efecto.

Si alguno de los Consejeros no pudiese firmar por cualquier causa, firmará en su lugar el Presidente en el sitio que a aquel corresponda previa la nota: «Por el Consejero N. N., que votó en Sala y no puede firmar.»

Art. 628 Al márgen de los acuerdos, decretos, providencias y sentencias se anotarán por el orden respectivo de mayor categoría y antigüedad en el empleo los apellidos de los Consejeros que hubiesen asistido á la sesión.

Art. 629. Las comunicaciones en que se dé conocimiento al Gobierno de un acuerdo se llamarán acordadas. En ellas se insertarán literalmente los dictámenes de los Fiscales que tengan relación con el acuerdo adoptado.

Art. 630. Se extenderán en forma de exposición á S. M. las consultas que se eleven al Gobierno, proponiendo las reformas que convenga introducir en la administración de justicia en Guerra ó Marina.

Cuando procediese moción de los Fiscales ó hubiesen éstos emitido dictamen se insertará en la consulta.

Art. 631. La ejecución de las sentencias corresponderá á la Autoridad judicial del Ejército ó distrito donde se hubiera seguido el procedimiento, valiéndose para ello del Juez instructor.

Art. 632. En las causas de que conoce el Consejo Supremo de Guerra y Marina en única instancia, someterá la ejecución de la sentencia á la Autoridad judicial militar del punto donde deba cumplirse, la cual nombrará instructor y Secretario para la práctica de las diligencias oportunas.

Art. 633. El Secretario de la causa, á presencia del Juez instructor, notificará al procesado la sentencia, leyéndosela íntegra.

La de pena de muerte no se notificará al reo hasta el momento de ponerlo en capilla.

Antes de proceder á su ejecución, se dará de ella conocimiento al Gobierno por medio del Ministro de la Guerra, á quien se remitirá cópia autorizada de la misma, y se unirá á la causa la contestación de quedar enterado.

Se exceptúan de dicho trámite las sentencias relativas á los delitos de rebelión ó sedición cometidos por militares en tiempo de paz, y en campaña á todos los que exijan un pronto y ejemplar castigo, á juicio de los Generales en Jefe ó Gobernadores de plazas sitiadas ó bloqueadas por el enemigo.

Art. 634. Las sentencias firmes en las causas contra Oficiales, cuando sean absolutorias ó impongan pena que produzca baja definitiva en el Ejército, se insertarán en la orden general del mismo.

Se podrá, no obstante, prescindir de dicha publicación, cuando á juicio del Ministro de la Guerra así lo

aconseje el interés de la disciplina ó el prestigio de las clases militares.

Art. 635. La pena de muerte se ejecutará de día, y con publicidad, á las veinticuatro horas de notificada la sentencia, siendo en tiempo de paz.

En campaña, en lugar declarado en estado de guerra, ó cuando lo requiera la pronta ejemplaridad del castigo, podrá reducirse el plazo señalado y tener lugar la ejecución á la hora que se designe.

Art. 636. Para la ejecución de la pena de muerte, siendo el reo militar, se observarán las reglas siguientes:

1ª En campaña, pedirá el Juez instructor permiso al Jefe superior del punto en que haya de cumplirse.

Dicho Jefe designará el sitio día, y hora en que deba tener lugar la ejecución, y dispondrá que tomen las armas con estte objeto las tropas que hayan de concurrir al acto.

En guarnición, pedirá permiso el instrūctor al Gobernador ó Comandante militar, quien designará el sitio y la hora; mandará que tome las armas y concurra á la ejecución el cuerpo á que pertenezca el reo, sustituido cuando no estuviere en el punto donde ha de ejecutarse la sentencia por la fuerza perteneciente al mismo, aunque de distinta unidad orgánica, y dispondrá que asistan también al acto piquetes de los demás cuerpos.

2ª Un piquete del cuerpo á que el reo pertenezca, ó en su defecto otro de su arma que designe la Autoridad, se encargará de la persona del reo, dará el servicio interior de la prisión, y ejecutará la sentencia.

3ª Obtenido el oportuno permiso, el Juez instructor pasará á la prisión, hará la notificación del fallo, y pondrá en capilla al sentenciado, facilitándole los auxilios religiosos, los que necesitare para otorgar testamento y los demás compatibles con su situación.

4ª El cuerpo en que sirviere el reo, con bandera, ó la fuerza que lo reemplace, ocupará siempre el lado del cuadro que dé frente al sitio en que deba tener lugar la ejecución, y en los otros dos lados de derecha é izquierda se colocarán los piquetes de los demás cuerpos, sin consideración á preferencia ni antigüedad.

5ª A la hora designada, el reo, de uniforme, será conducido por el piquete encargadò de su custodia, y la fuerza que además juzgue necesaria el Gobernador ó Jefe superior de las armas.

6ª En el sitio de la ejecución el piquete se colocará dando frente al reo, y reconciliado éste brevemente, si lo deseare con el sacerdote que le acompañe, será pasado por las armas.

7ª En seguida tocarán marcha todas las bandas, desfilando las tropas por delante del cadáver, el que conducirán después al lugar de su enterramiento los soldados de la compañía del reo, ó en su defecto los que se nombraren.

El cadáver podrá ser entregado á los parientes, si lo solicitan y la Autoridad militar no halla inconveniente; pero el entierro no podrá hacerse con pompa.

Art. 637. Cuando deba ejecutarse la pena de muerte en la forma establecida por la ley común., el juez instructor, por conducto de la Autoridad judicial de quien dependa, pedirá los auxilios necesarios á las Autoridades judiciales y administrativas del orden civil.

Lo mismo en este caso que cuando un reo no militar deba ser pasado por las armas, la ejecución se llevará á cabo sin observar las prescripciones establecidas en el artículo anterior, y sólo se nombrará el piquete que custodie y ejecute al reo y la fuerza armada que dispusiere el Jefe militar.

Art. 638. En los días de fiesta religiosa ó nacional no se ejecutará la pena de muerte, á no ser en los casos señalados en el párrafo segundo del artículo 635.

Art. 639. El instructor extendera en la causa la correspondiente diligencia de haberse llevado á cumplido efecto la pena de muerte, expresando la forma en que se hiciere.

Art. 640 Cuando á la pena de muerte deba preceder la degradación militar, el sentenciado irá vestido de uniforme completo, llevando su espada, si fuese Oficial, uno de los soldados de la escolta.

Colocado el reo en el centro del cuadro frente á la bandera ó estandarte, dispondrá el Juez instructor que el Oficial sentenciado ciña la espada, é inmediatamente después que un sargento le despoje de ella, haciendo ademán de romperla y arrojándola al suelo. Asimismo le irá despojando sucesivamente de todas sus insignias y condecoraciones.

El instructor pronunciará previamente para el acto del despojo esta fórmula: «Despojad á...(el nombre del sentenciado) de sus armas, insignias y condecoraciones, de cuyo uso la Ley le declara indigno: la Ley le degrada por haberse él degradado á si mismo.

Cuando la degradación no preceda á la muerte, se verificará al frente del cuerpo á que perteneciera el reo y de la tropa que designe el Jefe superior, y hecha, será entregado el reo á la Autoridad civil para el cumplimiento de las penas principales.

Art. 641. Las penas de privación de libertad que produzcan la salida definitiva del Ejercito, ó que no puedan ser cumplidas dentro del mismo, se ejecutarán por la jurisdicción ordinaria, entregándose los reos á la Autoridad competente con testimonio de la condena, y una nota que se remitirá á la Dirección general de Establecimientos penales, comprensiva del nombre y apellidos del penado y de sus padres, edad, naturaleza, vecindad y condena impuesta; debiendo además participar al Gobernador civil respectivo la cárcel en que el reo queda á su disposición.

Las penas de reclusión militar, prisión mayor y prisión correccional por más de tres años, de la misma clase, se cumplirán en los establecimientos generales, con separación de los penados por delitos comunes.

Art. 642. La pena de prisión militar correccional hasta tres años, se cumplirá en un establecimiento exclusivamente militar, en el cual habrá separación absoluta entre los Oficiales y los individuos de las clases de tropa.

Estos serán destinados, conforme á los reglamentos, á trabajos de carácter militar.

Los individuos peninsulares del Ejército de Filipinas sentenciados á prisión correccional hasta tres años, serán destinados á la Península á sufrir la pena en el punto señalado para los de este Ejército

Art. 643 Los Oficiales sufrirán el arresto de un mes en adelante, en el castillo ó fortaleza que designen los Capitanes generales de los distritos.

Los individuos de las clases de tropa, en el punto que determine la Autoridad militar correspondiente.

Art. 644. El destino á un cuerpo de disciplina, se sufrirá en los creados con este objeto.

Los sentenciados en tiempo de campaña á servir en

un cuerpo de disciplina ó á arresto, serán destinados en los Ejércitos de operaciones á desempeñar los servicios más penosos.

Art. 645. Para el cumplimiento del recargo en el servicio, se observarán las reglas siguientes:

1ª Los desertores de todas las armas é institutos de los Ejércitos de la Península y de Ultramar, sentenciados á recargo en el servicio, cumplirán éste, así como el tiempo que les reste de empeño, en sus respectivos cuerpos ó en los que el Gobierno determine, salvo lo dispuesto en el artículo 314.

2ª Todo desertor, sin distinción de procedencia, que se halle extinguiendo recargo en Ultramar y deba regresar á la Península por haber resultado inútil para servir en aquellos países, cumplirá en este Ejército el tiempo que le reste de servicio y el de recargo que deba sufrir, siendo destinado al cuerpo de que procediera ó á otro de la misma arma ó instituto.

Art. 646. Para la ejecución de las condenas que hayan de cumplirse en establecimientos militares, el instructor sacará testimonio de la sentencia firme, con expresión de las circunstancias personales del condenado, nombres y apellidos de sus padres.

El testimonio se remitirá á la Autoridad militar á quien corresponda ejecutar la sentencia, según los casos, poniendo á su disposición la persona del reo.

La comunicación acusando recibo de la entrega se unirá á la causa.

Si el reo se hallase sometido á otra causa militar, se suspenderá la entrega hasta que ésta se termine.

Art. 647. Al militar á quien se imponga la pena de pérdida de empleo ó cualquiera de las que producen los mismos efectos, se le recogerán los reales despachos, títulos, diplomas y nombramientos, los cuales serán remitidos para su cancelación al Ministerio de la Guerra.

Al condenado á otras penas le serán recogidos los diplomas de las cruces que posea, siempre que los reglamentos de las respectivas ordenes así lo prevengan.

Art. 648 Para hacer efectivas las responsabilidades civiles declaradas en sentencia firme, se procederá en la forma establecida en el título 14 de este tratado.

# TITULO XIX.

## DEL PROCEDIMIENTO SUMARÍSIMO.

Art. 649. Los reos de flagrante delito militar, que tengan señalada pena de muerte ó perpetua, serán juzgados en juicio sumarísimo por el Consejo de guerra que en cada caso corresponda.

Art. 650. Se considerará flagrante delito el que se estuviere cometiendo ó se acabare de cometer cuando el delincuente sea sorprendido.

Se entenderá sorprendido en el acto de ejecutar el delito, no sólo el criminal que sea aprehendido en el momento de estarlo cometiendo, sino el detenido ó perseguido inmediatamente después de cometerlo, si la persecución durare ó no se suspendiere mientras el delincuente no se ponga fuera del alcance de los que le persigan.

Tambien se considerará reo de delito flagrante el que fuere sorprendido inmediatamente después de cometerlo, con efectos ó instrumentos que infunda la presunción vehemente de su participación en él.

Art. 651. Además de lo establecido en los artículos anteriores, podrán ser sometidos al juicio sumarísimo otros delitos que, por afectar á la moral y disciplina de las tropas ó á la seguridad de las plazas, y de cosas ó personas lo declaren así las autoridades respectivas en los bandos que publiquen con arreglo á las facultades que les están concedidas.

Art. 652. Los que resulten complicados en el delito que se juzgue en juicio sumarísimo, y no estén comprendidos en éste por no haber sido aprehendidos infraganti, serán juzgados en juicio ordinario, en pieza separada, que se formará al efecto con los antecedentes necesarios.

Art. 653. La tramitación de los juicios sumarísimos se arreglará á la del juicio ordinario en todo aquello que no esté modificado por las reglas siguientes:

1ª El procesado permanecerá siempre preso.

2ª Las declaraciones da los procesados se recibirán sin intervalo alguno en cuanto sea posible, aunque siempre separadamente.

3ª Las declaraciones de los testigos y los reconocimientos que éstos verifiquen para la identificación de las personas detenidas, se harán constar en un acta breve que suscribirán éstas, y sucesivamente, según vayan declarando los testigos; autorizándola, por último, el instructor y el Secretario.

Cuando asistan varios testigos presenciales, sólo se consignarán las declaraciones de los más importantes.

El Juez instructor, si lo creyese necesario, podrá carear á los testigos entre sí, ó alguno de éstos con el procesado.

4ª Cuando no puedan traerse á los autos inmediatamente las hojas de servicio ó filiaciones de los procesados, se suplirán estos documentos con declaraciones ó informes de los Jefes inmediatos, que expondrán lo que supieren acerca de la conducta y antecedentes de aquéllos.

5ª En caso de lesiones no se aguardará el resultado de éstas para la continuación de la causa, siempre que no sea de necesidad absoluta para la comprobación del delito.

6ª Todos los testigos, sin distinción alguna, comparecerán ante el instructor de la causa á su llamamiento.

Art. 654. El Juez instructor, terminadas las diligencias sumarias, reunirá en un breve escrito su resultado, pasando inmediatamente los autos á la Autoridad judicial.

Art. 655. Esta, oyendo á su Auditor, resolverá sin pérdida de tiempo lo que proceda; pero si encontrase que el delito no debe ser objeto de un juicio sumarísimo, ó que en él no hay medios para esclarecer los hechos, dispondrá que la causa se siga por los trámites ordinarios.

Art. 656. Cuando la Autoridad judicial acordare la elevación á plenario, se pasará la causa al Fiscal militar por término que no exceda de tres horas, y se prevendrá al acusado que nombre un Oficial que le defienda, y de no hacerlo se le nombrará de oficio.

Cuando los acusados sean dos ó más, un sólo defensor se encargará de la defensa de todos, á no haber incompatibilidad para ello.

Acto contínuo se designará á los que hayan de constituir el Consejo de guerra correspondiente.

Art. 657. Asistido el reo de su defensor, el instructor procederá á celebrar la comparecencia de que trata el artículo 548, y, según lo que en ella resulte, practicará sin la menor dilación, ó admitirá para su práctica ante el Consejo de guerra las diligencias de prueba que crea indispensables á la defensa.

Art. 658. Seguidamente pondrá los autos de manifiesto al defensor por un término que nunca exceda de tres horas.

Espirado éste, se procederá á la celebración del Consejo, citándose para la precisa asistencia al acto de la vista á los testigos presentes en la misma localidad.

Art. 659. Reunido el Consejo se observarán las disposiciones que en este punto regulan el procedimiento ordinario, según la presente ley, suspendiéndose la vista antes de la acusación y la defensa, á fin de que el Fiscal y el defensor ordenen sus notas y pidan verbalmente lo que á su respectiva representación convenga.

Art. 660. Concluida la defensa, el Presidente preguntará al acusado si tiene algo que añadir, y oído lo que exponga se dará por terminada la vista.

Art. 661. En el acto de la celebración del Consejo se consignarán los fundamentos que aleguen el Fiscal y el defensor.

Art. 662. La sentencia que el Consejo de guerra pronuncie en los juicios sumarísimos será firme con la aprobación de la Autoridad judicial del Ejército ó distrito, de acuerdo con su Auditor. En las plazas sitiadas ó bloqueadas se podrá prescindir de dicho acuerdo

Estas sentencias se ejecutarán sin dilación, con las formalidades que disponga en cada caso la Autoridad judicial respectiva.

## TITULO XX.

### DEL PROCEDIMIENTO CONTRA REOS AUSENTES.

Art. 663. Serán llamados por requisitoria cuando hubiesen sido ineficaces las diligencias practicadas para su busca:

1º El presunto reo que no fuere habido y cuyo paradero se ignorase.

2º El procesado que no fuese hallado en su domicilio para oir la notificación de una providencia judicial por haberse ausentado, si se ignorase su paradero, y el que no tuviese domicilio conocido.

3º El que se hubiese fugado del establecimiento donde se hallare detenido ó preso.

4º El que estando en libertad provisional dejare de concurrir á la presencia judicial el día en que deba hacerlo ó cuando fuere llamado.

Art. 664. En la requisitoria se expresará: el nombre y apellidos, cargo, profesión ú oficio del procesado, si constasen, y las señas en virtud de las cuales pueda ser identificada su persona; el delito de que se le acusa, el punto adonde deba ser conducido ó término que se le fija para su presentación, bajo apercibimiento de ser declarado rebelde, y el nombre del Juez instructor que entienda en la causa.

La requisitoria original y un ejemplar de cada periódico en que se hubiere publicado, ú oficio en que conste su publicación, se unirán á los autos.

Se fijará además en los sitios públicos que se crea conveniente.

Transcurrido el plazo de la requisitoria; si el procesado ausente no compareciese ó no fuere habido, se le declarará rebelde.

Art. 665. Si la causa estuviere en sumario se continuará hasta la terminación de este periodo del juicio, suspendiéndose después su curso y archivándose, así como las piezas de convicción que pudieren conservarse y no fuesen de un tercero irresponsable

Art. 666. Cuando la causa se archive por estar en rebeldía los procesados, se mandará devolver á los dueños que no resulten civil ni criminalmente responsables del delito, los efectos ó instrumentos del mismo, ó las demás piezas de convicción que se hubiesen recogido durante la causa.

En la diligencia de devolución, el Secretario describirá minuciosamente todo lo que devuelva.

Para la devolución de los efectos y piezas de convicción pertenecientes á un tercero irresponsable, se observará lo dispuesto en el artículo 189.

Art. 667. Cuando fuesen dos ó más los procesados y no estuviesen todos en rebeldía, se continuará la causa respecto á los presentes.

Art. 668. Suspendidas las actuaciones en cuanto á los procesados rebeldes, no se alzarán los embargos hechos ni se cancelarán las fianzas prestadas hasta que termine la responsabilidad civil, en conformidad á lo dispuesto en el artículo 221.

Art. 669. Cuando el reo se fugase despues de dictada la sentencia por el Consejo de guerra, la causa continuará hasta que recaiga fallo definitivo, á menos que habiéndose elevado al Consejo Supremo de Guerra y Marina, acordase éste su reposición.

Art. 670. En cualquier tiempo en que el declarado rebelde se presente ó sea habido, se abrirá de nuevo la causa para continuarla, según su estado.

## TITULO XXI.

### DEL PROCEDIMIENTO PARA LA EXTRADICIÓN.

Art. 671. El Consejo Supremo de Guerra y Marina y las Autoridades judiciales de los Ejércitos y distritos, propondrán al Gobierno que solicite la extradición de los procesados ó condenados por sentencia firme en los casos que corresponda.

Art. 672. Los Fiscales del Consejo Supremo y los instructores podrán tambien pedir, los primeros á dicho Consejo, y los segundos á la Autoridad judicial de quien dependan, que promuevan la solicitud de extradición cuando lo crean procedente.

Art. 673. Sólo podrá pedirse ó proponerse la extradición:

1º De los españoles que, habiendo delinquido en España, se hayan refugiado en pais extranjero.

2º De los españoles que, habiendo atentado en el extranjero contra la seguridad exterior del Estado, se hubiesen refugiado en pais distinto del en que delinquieron.

3º De los extranjeros que, debiendo ser juzgados en España, se hubiesen refugiado en un pais que no sea el suyo.

Art. 674. Para pedir ó proponer la extradición, es requisito necesario que se haya acordado la prisión del culpable ó recaído contra él sentencia firme.

Art. 675 Procede la petición de extradición:

1º En los casos que determinen los tratados vigentes

con las potencias en cuyo territorio se hallase el individuo reclamado.

2º En defecto de tratado, en los casos que la extradición proceda según el derecho escrito ó consuetudinario vigente en el territorio á cuya nación se pida.

3º En defecto de los dos casos anteriores, cuando la extradición sea procedente según el principio de reciprocidad.

Art. 676. La Autoridad ó Tribunal que conozca de la causa en que estuviese procesado el reo ausente en territorio extranjero, será competente para pedir su extradición, y lo hará en forma de suplicatorio dirigido al Ministerio de la Guerra.

Se exceptúa el caso en que, por el tratado vigente con la nación en cuyo territorio se hallase el procesado, pueda pedir directamente la extradición la Autoridad ó Tribunal que conozca de la causa.

Art. 677. Con el suplicatorio ó comunicación que haya de expedirse según lo dispuesto en el artículo anterior, se remitirá testimonio literal de la providencia de extradición en que se consignen sus fundamentos, y solo en relación de aquellas diligencias con que se justifique que la extradición procede con arreglo al número correspondiente del artículo 675.

## TITULO XXIII.

### DEL RECURSO DE REVISIÓN.

Art. 678. Habrá lugar al recurso de revisión contra las sentencias firmes, en los casos siguientes:

1º Cuando estén sufriendo condena dos ó más personas, en virtud de sentencias contradictorias, por un mismo delito que no haya podido ser cometido más que por una sola.

2º Cuando esté sufriendo condena alguno como responsable del homicidio de una persona, cuya existencia se acredite después de la condena.

3º Cuando esté sufriendo condena alguno en virtud de sentencia cuyo fundamento haya sido un documento declarado después falso por sentencia firme ó causa criminal.

4º Cuando sobre un mismo delito hayan recaido dos sentencias firmes.

Art. 679. El recurso de revisión podrá promoverse por los penados y por sus cónyuges, descendientes, ascendientes y hermanos, acudiendo al Ministerio de la Guerra con solicitud motivada. Dicho Ministerio remitirá la solicitud al Consejo Supremo de Guerra y Marina.

Art. 680. El Ministro de la Guerra, prévia formación de expediente, podrá ordenar también á los Fiscales del Consejo Supremo de Guerra y Marina, que interpongan el recurso, cuando á su juicio hubiese fundamento bastante.

Dichos Fiscales, ó cualquiera de ellos, podrán asimismo promover por sí el recurso, siempre que tengan conocimiento de algún caso en que proceda.

Art. 681. El recurso de revisión se sustanciará ante la Sala de justicia, oyendo por escrito á los Fiscales del Consejo y á los interesados, á quienes se citará oportunamente, si antes no hubieren comparecido.

Cuando unos ú otros pidieren la unión de antecedentes á los autos, el Consejo acordará sobre el particular lo que estime oportuno.

Practicadas las diligencias de sustanciación que se crean necesarias, se oirá de nuevo á los Fiscales y á los interesados, y sin más trámites el Consejo dictará sentencia, que será firme.

Art. 682. En el caso del núm. 1º del art. 678, el Consejo declarará la contradicción entre las sentencias si en efecto existiere, anulando una y otra, y mandará instruir de nuevo la causa al Tribunal á quien corresponda el conocimiento del delito.

En el caso del núm. 2º, comprobada la identidad de la persona cuya supuesta muerte hubiese dado lugar á la imposición de la pena, anulará la sentencia firme.

En el caso núm. 3º, dictará la misma resolución en vista de la ejecutoria que declare la falsedad del documento, y mandará al Tribunal á quien corresponda conocer del delito, instruir de nuevo la causa.

En el caso del núm. 4º, anulará la sentencia que considere injusta ó dictará otra.

Art. 683. Cuando por virtud de la sentencia firme anulada hubiese estado sujeto el condenado á alguna pena corporal, si en la nueva sentencia se le impusiera otra, se le tendrá en cuenta para el cumplimiento de ésta todo el tiempo de la anteriormente sufrida y su importancia.

Cuando hubiere fallecido el penado, podrán su viuda, ascendientes ó descendientes legítimos, ilegitimados ó naturales reconocidos, solicitar el juicio de revisión, con objeto de rehabilitar la memoria del difunto, y de que se castigue, en su caso, al verdadero culpable.

## TITULO XXIII

### DISPOSICIONES COMPLEMENTARIAS DE LOS PROCEDIMIENTOS JUDICIALES.

### CAPITULO PRIMERO.

*De las visitas de cárceles.*

Art 684. Las Autoridades judiciales en los puntos en que residan, y por su delegación los Gobernadores y Comandantes militares fuera de la residencia de aquéllas, pasarán al año cuatro visitas generales en las cárceles y prisiones donde se hallen individuos sometidos á la jurisdicción de Guerra.

Art 685. Las visitas generales de cárceles se verificarán en las Pascuas de Navidad, Resurrección y Pentecostés, y el 7 de Septiembre.

A la Autoridad judicial acompañarán el Auditor y Teniente Auditor del Ejército ó distrito.

A los Gobernadores ó Comandantes militares el Asesor, si le tuviesen.

Art. 686. Dos días antes de la visita deberán los Jueces instructores que tengan presos entregar en el Estado Mayor de la Capitanía general, ó en el Gobierno ó Comandancia militar respectivo, una relación de las causas de que aquéllos conozcan, expresando si están en sumario ó en plenario, nombres de los acusados, tiempo que llevan de prisión, si están ó no incomunicados y delito que se persigue, y si desean ó no presentarse en el acto.

Además los Jueces instructores y Secretarios concurrirán á la visita, pero si no obstante, dichos datos, desea la Autoridad judicial tener alguna otra noticia, á cuyo fin deberán llevar los autos, ó en su defecto, los antecedentes necesarios.

Art. 687. En las visitas de cárceles se sentará el Auditor á la derecha de la Autoridad judicial, y á la izquierda el Teniente Auditor.

Art. 688. La Autoridad judicial interrogará á los presos que se presenten en la visita, si tienen alguna reclamación que formular ó queja que exponer, se enterará de si se cumplen con exactitud las providencias judiciales, y adoptará, oyendo al Auditor, los acuerdos oportunos para evitar cualquier retraso ó defecto que advierta en la sustanciación de los procedimientos, proveyendo por sí á remediar los abusos que notare en el orden gubernativo si el establecimiento fuese militar.

Si fuese civil, dará cuenta á la Autoridad de quien el mismo dependa, para los efectos que procedan.

Art. 689. Las Autoridades judiciales pasarán además las visitas extraordinarias de cárceles que crean convenientes al mejor servicio, ó delegarán para que las efectúen en Autoridades que les estén subordinadas, cuando no puedan verificar aquellas personalmente.

## CAPITULO II.

### *De la estadística.*

Art. 690. Las Autoridades judiciales de la Península y Ultramar remitirán trimestralmente á la Fiscalia togada del Consejo Supremo de Guerra y Marina pliegos comprensivos del número de procedimientos que en cada regimiento, batallón, establecimiento ó Academia del ramo de Guerra se sigan, con todos los datos necesarios para que por aquella Dependencia se forme la estadística general de las causas criminales terminadas por sentencia firme y de los sobreseimientos é inhibiciones que se hubiesen acordado.

Al efecto, la redacción de las hojas ó pliegos que los Jueces instructores deben acompañar á todo procedimiento judicial, se ajustará al modelo oficialmente aprobado con este objeto.

Art. 691. Al formar la estadística criminal del ramo de Guerra, la Fiscalía togada emitirá juicio, en vista de los datos que aquella contenga, acerca del celo é inteligencia que por los funcionarios llamados á intervenir en la administración de justicia se haya desplegado.

Para este fin, las Autoridades judiciales informarán anualmente acerca del concepto que les merezcan los funcionarios del orden judicial que sirvan en los Ejércitos ó distritos.

A la vez, dichas Autoridades elevarán al Consejo Supremo las propuestas que estimen conducentes al mejoramiento de las leyes porque se rije la justicia militar.

## CAPITULO III.

### INSTANCIAS DE INDULDO Y PROPUESTAS DE LICENCIAMIENTO.

### Sección primera

*De las instancias de indulto.*

Art. 692. Las instancias que se eleven á S. M. en solicitud de indulto, se dirigirán al Ministerio de la Guerra por conducto de la Autoridad judicial en cuyo distrito se hubiese fallado el proceso.

Art. 693. Dicha Autoridad reclamará la hoja histórico-penal del interesado é informe sobre la conducta del mismo al Jefe del Establecimiento en que se halle extinguiendo la condena.

Si se tratase de penas especiales que sean objeto de la gracia de indulto, se pedirá el referido informe á los Jefes de los cuerpos respectivos.

Art. 694. Con estos documentos y la causa ó antecedentes del interesado, la Autoridad judicial pasará á dictámen del Auditor el asunto, cuyo funcionario lo evacuará, haciendo constar, siendo posible, la edad, estado y profesión del penado; sus méritos y antecedentes: si fué con anterioridad procesado y condenado por otro delito, y si cumplía la pena impuesta ó fué de ella indultado, por qué causa y en qué forma; las circunstancias agravantes ó atenuantes que hubiesen concurrido en la ejecución del delito; el tiempo de prisión preventiva sufrida durante la sustanciación de la causa; la parte de la condena que hubiese sufrido; su conducta posterior á la ejecutoria y si hubiese dado pruebas de arrepentimiento; si hay ó no parte ofendida;

si el indulto perjudica el derecho de tercero, y cualesquiera otros datos que puedan servir para el mejor esclarecimiento de los hechos, concluyendo por consignar su dictámen sobre la conveniencia y forma de la concesión de la gracia.

Art. 695. Evacuado el informe, la Autoridad judicial remitirá la instancia al Ministerio de la Guerra, con los documentos de que se hace mérito en el art. 693, y testimonio de la sentencia condenatoria si se hubiere hecho firme en el destrito.

Art. 696. El Ministerio de la Guerra pedirá informe al Consejo Supremo de Guerra y Marina, el que, oyendo á sus Fiscales, dictará el acuerdo que estime justo, comunicándose á dicho Ministerio para la resolución de S. M.

### Sección segunda.

*De las propuestas del licenciamiento.*

Art. 697. Con cuatro meses de antelación á la fecha en que deban dejar extinguidas sus condenas los sentenciados por la jurisdicción de Guerra, remitirán los Directores de los penales respectivos las propuestas del licenciamiento á la Autoridad ó Tribunal militar que hubiere fallado en definitiva el proceso, acompañando la hoja histórico-penal del interesado.

Art. 698. La Autoridad judicial, oyendo á su Auditor, ó el Consejo Supremo, previo informe de sus Fiscales, acordará lo que corresponda con presencia de los antecedentes necesarios, comunicándose á los Directores de los penales respectivos las providencias que dicten para su cumplimiento.

## TITULO XXIV.

DE LOS PROCEDIMIENTOS PARA LAS FALTAS.

Art. 699. Las faltas militares no comprendidas en las leyes penales serán corregidas directamente mediante el oportuno esclarecimiento por los Jefes respectivos, con arreglo á sus facultades.

Los corregidos, si se consideran ofendidos, podrán

acudir á sus Jefes con la representación de su agravio, y si no obtuviesen de ellos la satisfaccion á que se juzguen acreedores, podrán llegar hasta S. M por conducto del Ministerio de la Guerra.

Tratándose de corrección impuesta de Real orden, solo cabrá el recurso de súplica.

Art. 700. Las faltas que hayan de ser corregidas con suspensión de empleo, destino á un cuerpo de disciplina, recargo en el servicio ó arresto por más de dos meses, serán objeto de expediente, que tramitará un instructor y un Secretario, nombrados con sujeción á las reglas establecidas para los procedimientos criminales.

Art. 701. El expediente contendrá las pruebas que sea posible recabar de la existencia de la falta y responsabilidad del acusado, á quien se recibirá declaración no jurada y se le dará conocimiento de los cargos que le resulten para qué, en comparecencia ante el instructor, los conteste y se defienda. Si hiciere alguna cita, se evacuará en caso de que por el instructor se estime pertinente. Este, según los méritos de lo actuado, pedirá la imposición del correctivo que corresponda, elevando el expediente á la Superioridad.

La Autoridad judicial, oído su Auditor, dictará la providencia que estime justa, la cual será firme.

Art. 702. Cuando á juicio de la Autoridad judicial con su Auditor el hecho constituyere delito, se continuará el procedimiento criminal por los trámites ordinarios.

## TITULO XXV.

### DE LO JUDICIAL Y LO GUBERNATIVO.

### CAPITULO PRIMERO.

*Disposiciones generales.*

Art. 703. Siempre que por un hecho se instruyan procedimientos judiciales, no podrán conocer del mismo los Inspectores generales de las armas é institutos del Ejercito, ni gubernativamente los Capitanes generales de los distritos.

Art. 704. Cuando se proceda judicialmente contra

individuos de la Guardia civil y Carabineros, el Capitán general de cuya Autoridad dependa el Juez instructor del procedimiento lo pondrá en noticia de los Inspectores generales respectivos para los efectos que correspondan con relación á las facultades propias de aquellos.

## CAPITULO II.

### *Procedimientos gubernativos.*

Art. 705. Se instruirá expediente gubernativo cuando se considere perjudicial la continuación de algún Oficial en el servicio por cualquiera de las causas siguientes:

1ª Notas desfavorables acumuladas.

2ª Mala conducta habitual é incorregible.

3ª Deudas injustificadas.

4ª Faltas contra el honor militar que no constituyan delito.

Art. 706. También quedará sometido á expediente gubernativo, si se juzga necesario, el Oficial que fuere postergado para el ascenso por tres años consecutivos, á consecuencia del resultado de la calificación reglamentaria y examen, sin perjuicio de que sea propuesto para el retiro ó licencia absoluta, según le corresponda por sus años de servicio.

Se comprenderá en la lista de postergados al que por su mala conducta ó poca instrucción y celo por el servicio, no deba ascender y sea perjudicial en el Ejército.

Art. 707. Los expedientes gubernativos contra Oficiales se instruirán en virtud de Real orden, por acuerdo del Consejo Supremo de Guerra y Marina, ó por disposición de los Capitanes generales é Inspectores de las armas é institutos del Ejército, ya obren estas Autoridades por propia iniciativa, ya por consecuencia de informes y reclamaciones de los Jefes de cuerpo.

En todo caso, en la orden en que se disponga la instrucción del expediente se fijarán los puntos que deban ser esclarecidos.

Art. 708. Los nombramientos de instructor y de Secretario se harán por la Autoridad que ordene la formación del expediente ó reciba la orden de proceder, y recaerán siempre en Jefe y Oficial respectivamente con sujeción á las reglas establecidas en el tratado primero, procurando que no pertenezca al cuerpo del acusado, á ser posible.

Art. 709. Cuando los Inspectores dispongan la formación de expedientes gubernativos, remitirán al instructor la hoja de servicios del interesado, la de hechos, las conceptuaciones de los tres últimos años y cuantos datos existan en su dependencia y puedan servir de antecedente, aunque sean de carácter reservado.

En todos los demás casos, el instructor cuidará como primer trámite, de reclamar con urgencia los referidos documentos y antecedentes del Inspector general respectivo.

Art. 710. En el expediente gubernativo se tomará declaración á los Jefes del respectivo cuerpo ó dependencia y á los Oficiales del mismo sobre los extremos comprendidos en la orden para proceder.

Los primeros declararán también, en todo caso, sobre la conducta del interesado.

Art. 711. Si el Oficial sometido á expediente estuviese de reemplazo, los Jefes llamados á informar serán los últimos á cuyas órdenes hubiese servido, agregándose en cuanto á su conducta particular, lo que conste al Gobernador de la plaza ó Comandante militar del punto de residencia del interesado.

Art. 712. Lograda la conveniente ilustración, se tomará declaración no jurada al Oficial residenciado á fin de que, en vista de los cargos que le resulten, pueda exponer lo que juzgue necesario á su defensa.

Art. 713. Practicadas las diligencias de que queda hecho mérito, el instructor emitirá dictamen proponiendo la situación definitiva á que el acusado deba pasar, ó la resolución que crea más procedente, remitiendo las actuaciones á la Autoridad que lo hubiese nombrado.

Art. 714. Cuando ésta fuera el Capitán general, recibido por el mismo el expediente, lo pasará á informe de su Auditor, quien se limitará á declarar si se halla completo en su instrucción, y si de lo actuado resulta algún hecho que presente los caracteres de delito, proponiendo en su caso, que se proceda en vía judicial del modo que las leyes determinen.

Art. 715. Emitido dictamen por el Auditor, en los casos que proceda, la Autoridad judicial elevará el expediente al Ministerio de la Guerra, para la resolución de S. M., previo informe del Consejo Supremo de Guerra y Marina, si las diligencias se hubiesen instruido por virtud de Real orden, por acuerdo de dicho Consejo ó por disposición de la misma Autoridad judicial.

Si se hubiese incoado de orden del Inspector general, al recibirlas éste, emitirá informe, unirá el expediente personal del interesado, si lo creyese oportuno, y dará á aquéllas el curso debido, según lo dispuesto en el artículo anterior.

Art. 716. Por consecuencia de los expedientes gubernativos, los Oficiales podrán ser separados del servicio.

Art. 717. Los Oficiales separados gubernativamente del servicio, quedarán fuera del Ejército, sin poder volver á él, expidiéndoseles el retiro ó la licencia absoluta, según corresponda por sus años de servicios.

Art. 718. En los Reales despachos que se expidan se expresará con toda precisión y claridad el motivo de la separación.

Art. 719. Cuando del expediente gubernativo no resultase la separación del servicio del interesado, se dejarán íntegras las facultades de la Autoridad que hubiese dado la orden de proceder, para castigar, si lo creyese justo, el hecho ó hechos origen del expediente.

Estas Autoridades pondrán siempre en conocimiento de la Asamblea de la Orden de San Hermenegildo las correcciones que impusieren á sus subordinados y afecten al más acrisolado honor, ya por la naturaleza de los hechos que produjeron los castigos ó por la repetición conque se hayan ejecutado, para que surtan en dicha Asanblea los efectos prevenidos en la ley.

## CAPITUL III.

### *Tribunales de honor.*

Art. 720. Si algún Oficial cometiere un acto de carácter deshonroso para sí ó para el cuerpo en que sirva, podrá ser sometido á Tribunal de honor, aunque hubiere sido juzgado por otro procedimiento, siempre que hubiere de continuar en el servicio.

Art. 721. Para la constitución del Tribunal de honor han de concurrir las circunstancias siguientes:

1ª Que las cuatro quintas partes de los individuos de la clase á que pertenezca el acusado, que sirva en el mismo cuerpo armado ú oficina, estén conformes en cuanto á la naturaleza deshonrosa del hecho.

2ª Que el mínimun de individuos necesarios para formar dichas cuatro quintas partes sea el de cinco, el cual habrá de completarse con los de la clase ó clases superiores á la del acusado por el orden jerárquico ascendente, si en el cuerpo ú oficina no se reuniese el mínimun indicado, contando únicamente con los de su categoría, determinada para este fin por el empleo efectivo de escala.

3ª Que confirmen el hecho las noticias adquiridas por el Jefe ó persona más caracterizada de la misma arma ó instituto dentro del grupo orgánico, oficina central ó distrito donde aquél ocurriese.

Art. 722. Cuando ya sea público el hecho que se juzga deshonroso, se reunirán previamente los Oficiales de la clase á que pertenezca el acusado, y se nombrará una Comisión para que se presente al Jefe del Cuerpo, pidiéndole permiso para celebrar Tribunal de honor.

Art. 723. Obtenido el permiso, se reunirán los indicados Oficiales en el cuarto de banderas ó en otro sitio que de antemano se determine; en esta reunión, el más antiguo tomará la palabra y dará cuenta de su objeto y del acto deshonroso cometido, y después de oir al interesado, si deseara comparecer, ó al compañero que le represente si al efecto lo designara, expondrán su parecer los concurrentes.

Art. 724. El Tribunal de honor calificará el hecho que motiva su constitución, consignando si éste es deshonroso y mancha el buen nombre del arma ó instituto á que pertenece el Oficial residenciado, y acordará si procede ó no su separación del servicio.

Art. 725. Del resultado de la reunión se levantará la correspondiente acta por duplicado, haciéndose constar la causa que ha originado la constitución del Tribunal, el consentimiento del Jefe del cuerpo para reunirlo y la declaración de que el Oficial es autor del hecho deshonroso.

El fallo del Tribunal será firme.

Art. 726. Los dos ejemplares del acta se entregarán al Jefe del cuerpo ú oficina en que sirva el acusado.

El referido Jefe remitirá uno de dichos ejemplares, archivando el otro, al Inspector general del arma para que éste lo eleve al Ministro de la Guerra á los fines correspondientes.

Art. 727. La separación se dictará de Real orden por resultado del fallo del Tribunal de honor.

## TITULO XXVI.

### DE LAS NOTAS EN LAS HOJAS DE SERVICIOS Y EN LAS FILIACIONES Y DE SU INVALIDACIÓN.

Art. 728. Se estamparán en las hojas de servicios de los Oficiales y en las filiaciones de los individuos de las clases de tropa todas aquellas notas que provengan de penas ó correctivos que se impongan por consecuencia de procedimiento escrito judicial ó gubernativo, haciéndose constar también respectivamente en aquéllas la absolución libre si se dictare.

Los demás correctivos que no provengan de procedimiento escrito, judicial ó gubernativo, se insertarán respectivamente en las hojas de hechos y en las de castigos, salvo aquellas que se impongan á los individuos de las clases de tropa por reincidencia en la misma falta ó vicio, que estamparán en las filiaciones.

Art. 729. Tanto los Oficiales como los individuos de las clases de tropa que solicitaren, cuando proceda, invalidación de las notas desfavorables que tengan respectivamente en sus hojas de servicios ó hechos y filiaciones, dirigirán siempre las instancias á S. M.

Las demás solicitudes que se promuevan por los individuos de las clases de tropa para conseguir la invalidación de las notas desfavorables que figuren en las hojas de castigos, se elevarán á los Inspectores generales de las armas ó Capitanes generales de los distritos, según los casos.

Art. 730. Corresponde exclusivamente al Gobierno, en virtud de Real orden y á instancia de los interesados ó propuesta de sus Jefes, la invalidación de las notas desfavorables que aparezcan en las hojas de servicios, en las de hechos y en las filiaciones, previa siempre la instrucción del oportuno expediente, en el que consten los informes de los Jefes respectivos, de la Autoridad que impuso el castigo, origen de la nota, ó del Tribunal sentenciador, emitiendo en todo caso dictamen el Consejo Supremo de Guerra y Marina.

Si la sentencia fué dictada por Tribunal ajeno al ramo de Guerra, el Capitán general del distrito donde radique dicho Tribunal, reclamará á éste el informe correspondiente.

Art. 731. Es atribución del Inspector general del arma respectiva conceder la invalidación de las notas desfavorables insertas en la hojas de castigos de los individuos de las clases de tropa, cuando procedan de correctivos impuestos por su Autoridad ó por algún Jefe dependiente de la misma.

Si proceden de medidas dictadas en vía gubernativa por los Capitanes generales de los distritos, corresponderá á éstos dicha facultad.

En uno y otro caso se instruirá expediente, en el que se oirá á los Jefes inmediatos del interesado, haciéndose constar si éste es propenso al vicio ó falta que ocasionó la nota.

Art. 732. La invalidación de toda nota desfavorable es gracia que no pueden solicitar los interesados ni proponer sus Jefes, hasta que aquéllos hayan desempeñado dos años con inmejorable conducta el servicio de su clase, empezados á contar desde el día que cumplieron el castigo que produjo la nota.

Fuera del servicio activo en cuerpo ó destino militar, no podrá solicitarse la invalidación sino en el caso de que anteriormente se hubiesen llenado los requisitos que se determinan en este artículo.

Art. 733. Solo en casos muy especiales podrá solicitarse la invalidación de una segunda nota por reincidencia en la misma clase de delito ó falta, siendo preciso para el curso de las instancias que haya transcurrido un plazo doble, ó sean cuatro años en las condiciones que fija el artículo anterior, después de cumplido el castigo que motivó la segunda nota.

Art. 734. No podrán invalidarse en ningún tiempo las notas que provengan de los delitos de sedición, rebelión, falsedad, prevaricación, cohecho, malversación de caudales, alijos de contrabando ó connivencia en esta clase de fraudes, falta de carácter ó de energía en actos del servicio y delitos cometidos contra la propiedad. Tampoco podrán invalidarse las notas que por segunda vez se impongan por delitos de insubordinación y las que se hubieren impuesto por tercera vez.

Art. 735. La invalidación de toda nota desfavorable se verificará por medio de una contranota en la que se exprese clara y terminantemente, al tenor de lo que prevenga la Real orden ó resolución que así lo disponga, hasta qué punto y en qué caso deberá tener consecuencias la nota que reforme ó modifique, si ha de quedar nula ó de ningún valor, y por consiguiente sin efecto sucesivo en todo tiempo y circunstancias.

Art. 736. En caso que invalidada una nota el interesado volviera á incurrir en el mismo delito ó falta que produjo aquélla, se considerará nula la invalidación.

Art. 737. Por ninguna Autoridad ó Jefe se dará curso á las instancias en que se solicite la invalidación de alguna nota de las claramente exceptuadas ó en que se haga la petición antes de transcurrir los plazos marcados en los artículos 732 y 733, según los casos.

# TITULO XXVII.

## DE LOS PROCEDIMIENTOS DE CARÁCTER CIVIL.

## CAPITULO PRIMERO.

### *Del modo de hacer efectivas las responsabilidades civiles que declaren los Tribunales y Autoridades militares.*

Art. 738. La responsabilidad civil declarada por los Tribunales ó Autoridades militares se hará efectiva por la vía de apremio.

Art. 739. El Juez instructor hará el requerimiento de pago á la persona obligada, y en caso de no efectuarlo, procederá en la forma prevenida en el título 14 de este tratado.

## CAPITULO II.

### *De la prevención de los abintestatos de los militares.*

Art. 740. Ocurrido el fallecimiento de un militar en servicio activo, la Autoridad militar del punto en que tenga lugar dará comisión á un oficial del cuerpo á que pertenezca el finado, á un Ayudante de plaza ú otro Oficial, para que, personándose en la casa mortuoria, presten los auxilios necesarios.

Art. 741. Si el finado hubiere dejado familia se limitará á ofrecerla su intervención en lo que pueda ayudarla.

Cuando sólo hubiere dejado hijos menores de edad, se ocupará de prestarles el conveniente socorro.

Dará sepultura al cadáver, pondrá en seguridad los bienes y averiguará si el finado dejó testamento.

Comunicará el resultado de su gestión á la Autoridad que le hubiese nombrado, la cual, si fuere preciso, designará instructor y secretario que instruyan las diligencias de abintestato.

Art. 742. Si el militar falleciere en el hospital, buque ú otro lugar que no sea su domicilio. el Jefe local ó el inmediato que lo sea del finado, si se hallare presente, prestará los mismos auxilios que se indican en los artículos anteriores, dando cuenta á quien corresponda.

Art. 743. El Juez instructor comenzará por hacer inventario de todos los bienes del finado, y mediante una breve información para averiguar qué personas se consideran con derecho á la sucesión intestada dentro del cuarto grado civil, emitirá dictamen acerca de la resolución que estime pertinente, consultándola con la Autoridad judicial. Esta, oído el Auditor, decidirá mandando poner en posesión de los bienes á quien tenga derecho á ellos, sin perjuicio de las reclamaciones que puedan hacerse, ó remitiendo lo actuado al Juez ordinario á quien corresponda su conocimiento, si no resultare plenamente justificado el derecho hereditario.

Art. 744. Siempre que hubiere menores se someterá el abintestato al Juez civil competente, á no ser que estén representados por sus padres.

## CAPITULO III.

### *De las reclamaciones por deudas.*

Art. 745. En campaña, ó cuando un Ejército se hallase en pais extranjero, la Autoridad judicial militar resolverá por medio de un expediente gubernativo las reclamaciones de deudas contraídas durante la misma por los individuos del Ejército y las personas que le sigan.

Cuando el deudor reconociera la deuda, pero no se aviniere á satisfacerla, se procederá á ejecutarle, á fin de hacer efectivo el pago.

Art. 746. Cuando no reconociere la deuda, hecha la intimación de pago, la Autoridad judicial nombrará un Juez instructor y un Secretario para la formación del oportuno expediente.

Art. 747. Se harán constar en el expedlente referido los motivos de la deuda expuestos por el acreedor, bien sea por escrito ó por declaración á virtud de. comparecencia, uniéndose á los autos los documentos justificativos. A continuación se consignarán también las manifestaciones ó excusas del deudor y las declaraciones de los testigos que hubiesen sido interrogados.

Con esta tramitación, el instructor citará á su presencia al acreedor y al deudor, á quienes dará lectura del contenido de las diligencias, oyendo sus alegaciones, que consignará en acta extendida al efecto. Al acreedor y deudor podrá acompañar, en calidad de hombre bueno, una persona por cada parte que exponga su derecho.

Terminado el acto, el Juez instructor, después de hacer un resumen del resultado del expediente pasará las diligencias á la autoridad judicial, que sin más trámites resolverá lo procedente, oyendo al Auditor.

Art. 748. Lo resuelto por la Autoridad judicial tendrá fuerza ejecutoria y se llevará á efecto por los medios ordinarios, á no ser que alguna de las partes, en el término de cuarenta y ocho horas, interponga recurso de alzada ante el Consejo Supremo de Guerra y Marina.

Contra la resolución de éste, en su Sala de Justicia, no se admitirá recurso alguno.

Art. 749. Lo dispuesto en los artículos anteriores sobre reclamación de deudas no se opone á las gestiones de carácter puramente gubernativo que se intenten, mediante consentimiento de las partes, ante las Autoridades ó Jefes militares en la forma hasta ahora establecida ó que en lo sucesivo se establezca.

### DISPOSICION GENERAL.

Art. 750. Quedan derogadas todas las leyes y demás disposiciones relativas á organización y atribuciones de los Tribunales de Guerra, leyes penales del Ejército y procedimientos militares y cuantas se opongan al cumplimiento de la presente ley.

### DISPOSICIONES TRANSITORIAS.

1ª Se respetarán los derechos adquiridos por los Auxiliares militares ó político-militares que, procedentes de anteriores plantas de la Fiscalía militar, se hallen actualmente desempeñando sus cargos en ella, reservándoles los ascensos de escala á que tengan opción por virtud de organizaciones anteriores ó que se establezcan en esta ley.

2ª La Presidencia del Consejo de Ministros y los Ministros de Gracia y Justicia y de la Guerra dictarán las disposiciones convenientes para llevar á efecto lo prevenido en los artículos 12 y 23 de esta ley.

## APENDICE PRIMERO

### ARTICULOS DEL CODIGO CIVIL REFERENTES AL TESTAMENTO MILITAR.

Art. 716. En tiempo de guerra, los militares en campaña, voluntarios, rehenes, prisioneros y demás individuos empleados en el Ejército, ó que sigan á éste, podrán otorgar su testamento ante un Oficial que tenga por lo menos la categoría de Capitán.

Es aplicable esta disposición á los individuos de un Ejército que se halle en país extranjero.

Si el testador estuviere enfermo ó herido podrá otorgarlo ante el Capellán ó el Facultativo que le asista.

Si estuviere en destacamento, ante el que lo mande, aunque sea subalterno.

En todos los casos de este artículo será siempre necesaria la presencia de dos testigos idóneos.

Art. 717. También podrán las personas mencionadas en el articulo anterior otorgar testamento cerrado ante un Comisario de guerra, que ejercerá en este caso las funciones de Notario, observándose las disposiciones de los artículos 706 y siguientes.

Art. 718. Los testamentos otorgados con arreglo á los dos artículos anteriores, deberán ser remitidos con la posible brevedad al cuartel general, y por éste al Ministro de la Guerra.

El Ministro, si hubiese fallecido el testador, remitirá el testamento al Juez del último domicilio del difunto, y no siéndole conocido, al Decano de los de Madrid, para que de oficio cite á los herederos y demás interesados en la sucesión. Estos deberán solicitar que se eleve á escritura pública y se protocolice en la forma prevenida en la ley de Enjuiciamiento civil.

Cuando sea cerrado el testamento, el Juez procederá de oficio á su apertura en la forma prevenida en dicha ley, con citación é intervención del Ministerio fiscal, y después de abierto lo pondrá en conocimiento de los herederos y demás interesados.

Art. 719. Los testamentos mencionados en el artículo 716 caducarán cuatro meses después que el testador haya dejado de estar en campaña.

Art. 720. Durante una batalla, asalto, combate, y generalmente en todo peligro próximo de acción de guerra, podrá otorgarse testamento militar de palabra ante dos testigos.

Pero este testamento quedará ineficaz si el testador se salva del peligro en cuya consideración testó.

Aunque no se salvare, será ineficaz el testamento si no se formaliza por los testigos ante el Auditor de guerra ó funcionario de justicia que siga al Ejército, procediéndose después en la forma prevenida en el art. 718.

Art. 721. Si fuere cerrado el testamento militar, se observará lo prevenido en los artículos 706 y 707, pero se otorgará ante el Oficial y los dos testigos que para el abierto exige al art. 719, debiendo firmar todos ellos el acta de otorgamiento, como asimismo el testador, si pudiere.

ARTICULOS DEL CODIGO CIVIL QUE SE CITAN EN EL 717 Y 721 DEL MISMO.

Art. 706. El testamento cerrado podrá ser escrito por el testador, ó por otra persona á su ruego, en papel común, con expresión del lugar, día, mes y año en que se escribe.

Si lo escribiere por sí mismo el testador, rubricará todas las hojas y pondrá al final su firma, después de salvar las palabras aumentadas, tachadas ó escritas entre renglones.

Si lo escribiere otra persona á ruego, el testador pondrá su firma entera en todas las hojas y al pié del testamento.

Cuando el testador no sepa ó no pueda firmar, lo hará á su ruego y rubricará las hojas otra persona, expresando la causa de la imposibilidad.

Art. 707. En el atorgamiento del testamento cerrado se observarán las solemnidades siguientes:

1ª El papel que contenga el testamento se pondrá dentro de una cubierta cerrada y sellada, de suerte que no pueda extraerse aquél ni romper ésta.

2ª El testador comparecerá con el testamento cerrado y sellado, ó lo cerrará y sellará en el acto, ante el Notario que haya de autorizarlo y cinco testigos idóneos, de los cuales tres, al menos, han de poder firmar.

3ª En presencia del Notario y los testigos manifestará el testador que el pliego que presenta contiene su testamento, expresando si se halla escrito, firmado y rubricado por él, ó si está escrito de mano ajena y firmado por él al final y en todas sus hojas, ó si, por no saber ó no poder firmar, lo ha hecho á su ruego otra persona.

4ª Sobre la cubierta del testamento extenderá el Notario la correspondiente acta de su otorgamiento, expresando el número y la marca de los sellos con que esté cerrado, y dando fé de haberse observado las solemnidades mencionadas, del conocimiento del testador, ó de haberse identificado su persona en la forma prevenida en los artículos 685 y 686, y de hallarse, á su juicio, el testador con la capacidad legal necesaria para otorgar testamento.

5ª Extendida y leída el acta, la firmarán el testador y los testigos que sepan firmar, y la autorizará el Notario con su signo y firma.

Si el testador no sabe ó no puede firmar, deberá hacerlo en su nombre uno de los testigos instrumentales ú otra persona designada por aquél.

6ª También se expresará en el acta esta circunstancia, además del lugar y hora, día, mes y año del otorgamiento.

Art. 708. No pueden hacer testamento cerrado los ciegos y los que no sepan ó no puedan leer.

Art. 709. Los sordomudos y los que no puedan hablar, pero sí escribir, podrán otorgar testamento cerrado observándose lo siguiente:

1º El testamento ha de estar todo escrito y firmado por el testador, con expresión del lugar, día, mes y año.

2º Al hacer su presentación, el testador escribirá en la parte superior de la cubierta, á presencia del Notario y de los cinco testigos, que aquel pliego contiene su testamento y que está escrito y firmado por él.

3º A continuación de lo escrito por el testador se extenderá el acta de otorgamiento, dando fé el Notario de haberse cumplido lo prevenido en el número anterior y lo demás que se dispone en el art. 707, en lo que sea aplicable al caso.

Art. 710. Autorizado el testamento cerrado, el Notario lo entregará al testador, después de poner en el protocolo reservado copia autorizada del acta de otorgamiento.

Art. 711. El testador podrá conservar en su poder el testamento cerrado, ó encomendar su guarda á persona de su confianza, ó depositarlo en poder del Notario autorizante para que lo guarde en su archivo.

En este último caso, el Notario dará recibo al testador, y hará constar en su protocolo reservado, al margen ó á continuación de la copia del acta de otorgamiento, que queda el testamento en su poder. Si lo retirare después el testador, firmará un recibo á continuación de dicha nota.

Art. 712. El Notario ó la persona que tenga en su poder un testamento cerrado, deberá presentarlo al Juez competente luego que sepa el fallecimiento del testador.

Si no lo verifica dentro de diez días, será responsable de los daños y perjuicios que ocasione su negligencia.

Art. 713. El que con dolo deje de presentar el testamento cerrado que obre en su poder dentro del plazo fijado en el párrafo segundo del artículo anterior, además de la responsabilidad que en él se determina, perderá todo derecho á la herencia, si lo tuviere como heredero ab-intestato ó como heredero ó legatario por testamento.

En esta misma pena incurrirán el que sustrajere dolosamente el testamento cerrado del domicilio del testador ó de la persona que lo tenga en guarda ó depósito, y el que lo oculte, rompa ó inutilice de otro modo, sin perjuicio de la responsabilidad criminal que proceda.

Art. 714. Para la apertura y protocolización del testamento cerrado se observará lo prevenido en la ley de Enjuiciamiento civil.

Art. 715. Es nulo el testamento cerrado en cuyo otorgamiento no se hayan observado las formalidades establecidas en esta sección; y el Notario que lo autorice será responsable de los daños y perjuicios que sobrevengan si se probare que la falta procedió de su malicia ó de negligencia é ignorancia inexcusables. Será válido, sin embargo, como testamento ológrafo, si todo él estuviere escrito y firmado por el testador y tuviere las demás condiciones propias de este testamento.

## APENDICE 2º

### DISPOSICIONES RELATIVAS Á LAS COMPETENCIAS DE LA ADMINISTRACIÓN CON LOS TRIBUNALES ORDINARIOS Y ESPECIALES.

### REAL DECRETO.

En atención á las razones expuestas por el Presidente del Consejo de Ministros, de acuerdo con el mismo Consejo;

En nombre de Mi Augusto Hijo el Rey D. Alfonso XIII, y como Reina Regente del Reino,

Vengo en decretar lo siguiente:

Artículo 1º Corresponde al Rey decidir las competencias de atribuciones y de jurisdicción que ocurran entre las Autoridades administrativas y los Tribunales ordinarios y especiales.

Art. 2º Solo los Gobernadores de provincia podrán promover cuestiones de competencia, y únicamente las suscitarán para reclamar el conocimiento de los negocios que en virtud de disposición expresa corresponde á los mismos Gobernadores, á las Autoridades dependientes de ellos ó á la Administración pública en general. Las partes interesadas podrán deducir ante la Autoridad administrativa las declinatorias que creyesen convenientes.

Art. 3º Los Gobernadores no podrán suscitar contiendas de competencia: primero, en los juicios criminales, á no ser que el castigo del delito ó falta haya sido reservado por la ley á los funcionarios de la Administración, ó cuando en virtud de la misma ley deba decidirse por la Autoridad administrativa alguna cuestión prévia de la cual dependa el fallo que los Tribunales ordinarios ó especiales hayan de pronunciar; segundo, en los juicios fenecidos por sentencia firme y en aquéllos que sólo pendan de recurso de casación ó de revisión ante el Tribunal Supremo; tercero, por no haber precedido la autorización correspondiente para perseguir en juicio á los empleados en concepto de tales; cuarto, por falta de la que deben conceder los mismos Gobernadores, con arreglo á las leyes, cuando se trate de pleitos en que litiguen los pueblos ó establecimientos públicos. En los dos últimos casos precedentes quedarán expeditos á los interesados los recursos á que pueda dar margen la omisión de dichas formalidades.

Art. 4º Cuando la contienda de competencia se fundare en la existencia de una cuestión previa administrativa, resuelta que sea ésta por la Autoridad á que corresponda, se devolverán los autos al Juez ó Tribunal competente para que proceda con arreglo á derecho, declarando no haber lugar á la continuación del juicio si la decisión administrativa envolviera falta de legitimidad del procedimiento, y continuándolo en caso contrario en el estado en que quedó al establecerse la competencia. La Autoridad administrativa llamada á resolver la cuestión previa la decidirá en el plazo que las leyes ú otras disposiciones hayan establecido. Cuando no exista plazo prefijado, la cuestión previa habrá de resolverse en el término máximo de seis meses, á no ser que los trámites marcados en las leyes y reglamentos exigiesén un período más largo. Transcurrido dicho plazo, el Juzgado ó Tribunal que antes conocía del asunto reclamará los autos al Gobernador y continuará el procedimiento en la forma legal.

Art. 5º Los Gobernadores, oídas las Comisiones provinciales, harán los requerimientos é inhibición á los Jueces ó Tribunales que estén conociendo del asunto, y sólo cuando unos ú otros procedan por delegación, se dirigirán aquéllos al Tribunal delegante. Por tanto, los Jueces de instrucción deberán sostener en su caso las cuestiones de competencia que promuevan los Gobernadores mientras los procesos se encuentren en el período de sumario.

Art. 6º Así los Jueces y Tribunales, oído el Ministerio fiscal ó á excitación de éste, como los Gobernadores, oídas las Comisiones provinciales, se declararán incompetentes, aunque no intervenga reclamación de autoridad extraña cuando se someta á su decisión algún negocio cuyo conocimiento no les pertenezca.

Art. 7º El Ministerio fiscal, así en la jurisdicción ordinaria como en las especiales, y en todos los grados de cada una de ellas, interpondrá de oficio declinatoria ante el Juez ó Tribunal respectivo, siempre que estime que el conocimiento del negocio pertenece á la Administración, salvo lo dispuesto en el número 2º del artículo 3º Cuando el Juez ó Tribunal no decretare la inhibición, el Ministerio fiscal lo comunicará al Gobernador, pasándole sucinta relación de las actuaciones y cópia literal del escrito en que propuso la declinatoria.

Art. 8.º Siempre que el Gobernador requiera de inhibición á un Tribunal ó Juzgado ordinario ó especial, manifestará indispensablemente las razones que le asistan y el texto de la disposición legal en que se apoye para reclamar el conocimiento del negocio.

Art. 9º El Tribunal ó Juzgado requerido de inhibición luego que reciba el oficio, suspenderá todo procedimiento en el asunto á que se refiera miéntras no termine la contienda por desistimiento del Gobernador ó por decision real, sopena de nulidad de cuanto después se actuare.

Sin embargo, los Jueces de instrucción podrán seguir practicando las diligencias más urgentes y necesarias para la comprobación del hecho, absteniéndose en todo caso de dictar auto de procesamiento ni de detención.

Art. 10. Sin pérdida de tiempo, el requerido acusará recibo del oficio al Gobernador, y comunicará el asunto al Ministerio fiscal por tres días á lo más y por igual término á cada una de las partes.

Art. 11. Inmediatamente se citará al Ministerio fiscal y á las partes para la vista, que deberá celebrarse dentro de tercero día. Verificada ésta, el requerido dictará auto en otro plazo igual, declarándose competente ó incompetente.

Art. 12. Dentro de tres días podrá interponerse el recurso de apelación, que deberá admitirse libremente: primero, contra los autos dictados por los Jueces municipales para ante los de instrucción ó de primera instancia, según el asunto fuese criminal ó civil; segundo, contra los dictados por los Jueces de instrucción para ante las Audiencias ó Salas de lo criminal; tercero, contra los dictados por los Jueces de primera instancia para ante las Salas de lo civil de las Audiencias territoriales; contra los autos pronunciados por las Audiencias ó Salas de lo criminal, por las Salas de lo civil de las Audiencias territoriales y por el Tribunal Supremo, si éste fuera el requerido; en los casos en que pueda serlo no se dá recurso alguno. Si el requerido es un Tribunal especial, sólo habrá lugar á la apelación cuando tenga superior jerárquico que pueda conocer de dicho recurso.

Art. 13. Admitida la apelación cuando proceda, se citará y emplazará en el acto al Ministerio fiscal y á las partes para que comparezcan dentro del término de diez días ante el Tribunal que haya de conocer del recurso, remitiéndose desde luego los autos á dicho Tribunal.

Art. 14. Si transcurriere el término del emplazamiento, sin que comparezca el apelante, se le tendrá por desistido sin necesidad de instancia contraria, se le impondrán las costas de la apelación y se devolverán los autos al inferior. Si compareciere en el expresado término, se sustanciará el artículo por los propios trámites establecidos para la primera instancia. Contra el auto que recaiga no se dá recurso alguno.

Art. 15. El requerido que se declare incompetente por auto firme, remitirá los autos dentro del segundo día al Gobernador haciendo extender al Escribano actuario ó Secretario judicial en un libro destinado al efecto certificación de la remesa.

Art. 16. Cuando el requerido se declare competente por auto firme, oficiará inmediatamente al Gobernador para que deje expedita su jurisdicción, ó de lo contrario tenga por formada la competencia. Al oficio se acompañarán los dictámenes emitidos por el Ministerio fiscal en cada instancia, y los autos con que en cada una se haya terminado el artículo.

Art. 17. El Gobernador, oída la Comisión provincial, y dentro de los tres días siguientes á la recepción del oficio, dirigirá nueva comunicación al requerido, insistiendo ó no en estimarse competente.

Art. 18. Si el Gobernador desistiese de la competencia, quedará, sin más trámites, expedito al requerido el ejercicio de su jurisdicción.

Art. 19. Si insistiese el Gobernador, ambos contendientes remitirán directamente por el primer correo al Presidente del Consejo de Ministros las actuaciones que ante cada cual se hayan instruído, haciendo poner al Oficial público á quien respectivamente corresponda la certificación prevenida en el artículo 15 y dándose mutuo aviso de la remesa, sin ulterior procedimiento.

Art. 20. El Presidente del Consejo de Ministros acusará á los contendientes el recibo del expediente y de los autos que le hayan remitido, y dentro de los dos días siguientes á su recepción los pasará al Consejo de Estado.

Art. 21. El Consejo de Estado, oyendo á la Sección de Estado y Gracia y Justicia, la cual dará al asunto la instrucción que crea necesaria, consultará la decisión motivada que estime procedente dentro de dos meses contados desde el día en que se le pasen las actuaciones.

Art. 22. El Consejo de Estado remitirá la consulta original al Presidente del Consejo de Ministros, acompañada de todas las diligencias relativas á la contienda.

Al mismo tiempo dirigirá copias literales de la consulta al Ministerio de la Gobernación y al Ministro ó Ministros de quienes dependan los otros Jueces y Autoridades con quienes se haya seguido la competencia.

Art. 23. Si el Ministro de la Gobernación y el Ministro ó Ministros de quienes dependan los otros Jueces y Autoridades estuviesen conformes con la decisión consultada, lo manifestarán al Presidente del Consejo de Ministros.

Art. 24. Cuando alguno de los Ministros indicados en los artículos anteriores, antes de emitir su opinión y con objeto de instruirse, considerase necesario reclamar el expediente y los autos originales que hayan sido objeto de la competencia, podrá pedirlos al Presidente del Consejo de Ministros dentro del término de un mes.

Art. 25. Si alguno de los Ministros no estuviese conforme con la decisión consultada, lo manifestará al Presidente del Consejo de Ministros para que la someta á la resolución de dicho Consejo.

Art. 26. La decisión que el Rey adopte, á propuesta del Consejo de Ministros ó de su Presidente, será irrevocable; se extenderá motivada y en forma de Real decreto, refrendada por el referido Presidente, y para su cumplimiento se comunicará á los contendientes y se publicará en la GACETA DE MADRID.

Art. 27. Los términos señalados en este decreto serán fatales é improrrogables.

Art. 28. Sólo los Gobernadores podrán promover contiendas de competencia para separarse del conocimiento de los negocios que no estén encomendados por disposición expresa á la Administración. En la sustanciación y decisión de las competencias negativas se observarán las prescripciones que para las positivas establece este decreto.

Dado en San Sebastián, á ocho de Septiembre de 1887.—MARIA CRISTINA.—El Presidente del Consejo de Ministros,—*Práxedes Meteo Sagasta.*

## REAL ORDEN.

Excmo. Sr.: La aplicación de las disposiciones contenidas en el nuevo Código de Justicia Militar, exige que se dicten las instrucciones indispensables para el tránsito de una á otra legislación, cumpliendo lo prevenido en el artículo 3º de la ley que autorizó el planteamiento de dicho Código.

De una parte, las causas en tramitación requieren preceptos terminantes que regulen el procedimiento ulterior á que hayan de sujetarse hasta quedar conclusas; y de otra, la retroactividad del derecho penal en lo favorable, hace precisa la revisión de las sentencias firmes que hayan impuesto penas no extinguidas todavía; debiendo unificarse al efecto el criterio de los diversos Tribunales llamados á aplicar tales principios.

Para satisfacer ambas necesidades, S. M. la Reina Regente del Reino, en nombre de su Augusto hijo el Rey D. Alfonso XIII (q. D. g.) se ha servido disponer:

Artículo 1º Las causas que se encuentren en tramitación en los Tribunales de Guerra el dia en que comience á regir el Codigo de Justicia militar, continuarán sustanciándose con arreglo á las disposiciones de la legislación anterior si se hallasen en el período de plenario, ó si estando en el de sumario, no optan por la nueva ley todos los procesados oportunamente requeridos á este fin por los respectivos instructores. Si al verificarse el requerimiento, optan todos por la aplicación del Código de Justicia militar se ajustará á las prescripciones de ésta la tramitación sucesiva.

Art. 2º Para los efectos del artículo anterior, los procesados rebeldes que se presenten ó sean habidos después de terminada la causa por sentencia firme contra los presentes, serán considerados como únicos presuntos reos sujetos al procedimiento.

Art. 3º Las consultas de sobreseimiento é inhibición que con arreglo á las disposiciones del Código de Justicia militar no sean procedentes y pendan de providencia del Consejo Supremo de Guerra y Marina al comenzar á regir aquella ley se devolverán á las Autoridades judiciales para que acuerden lo que corresponda.

Art. 4º La aplicación de las disposiciones comprendidas en el tratado 2º de la nueva Ley, se hará con sujeción á las siguientes bases:

1ª Serán revisadas de oficio y sin necesidad de petición de parte, todas las sentencias dimanadas de Autoridad ó Tribunal militar, en virtud de las cuales estén sufriendo condena los reos, aplicándoles la nueva penalidad siempre que por la naturaleza ó extensión de las que extingan resulte aquella más beneficiosa.

2ª La revisión, partiendo de los hechos y pruebas que sirvieron de fundamento á la sentencia, la cual será inalterable bajo este doble concepto, se limitará á aplicar la calificación legal que corresponda con sujeción á la nueva ley y la pena que esta señale.

3ª Por virtud de la revisión no se podrá rehabilitar en empleo y honores militares á los que los hubieren perdido por sentencia, ni tampoco rebajar las penas impuestas cuando no excedan del máximo de la señalada por la nueva ley al hecho ó hechos castigados.

4ª La revisión se llevará á cabo por las autoridades Judiciales que hubieren declarado firmes las sentencias, y por el Consejo Supremo de Guerra y Marina, cuando hubiere fallado en definitiva.

Esto, no obstante, las sentencias dictadas por dicho alto Cuerpo, se revisarán por los Capitanes generales y Comandante general de Ceuta, siempre que la pena impuesta no excediere de arresto, dando después cuenta al mencionado Tribunal.

5ª La revisión se hará con audiencia del Ministerio fiscal, representado en los distritos y Comandancia general de Ceuta por los Tenientes Auditores.

6ª Las providencias dictadas con motivo de la revisión aplicando ó denegando la aplicación de la nueva ley se harán saber á los interesados por conducto de los Jefes de sus cuerpos ó de los establecimientos penales en que extingan la condena, anotándose la resolución en las filiaciones, hojas de servicios ó histórico-penales, segun los casos.

7ª De las providencias á que se refiere la base anterior, podrán alzarse los interesados ante el Consejo Supremo de Guerra y Marina, si hubieren sido dictadas por autoridades inferiores interponiendo el recurso en el término de 5 días, contados desde el en que se les comunicó la providencia, y remitiéndolo por conducto de dichas autoridades que lo cursarán con la causa revisada.

8ª Los Jefes de los Cuerpos, prisiones y establecimientos penales en que extingan condena impuesta por la jurisdicción de Guerra personas de cualquiera clase y condición, remitirán sin pérdida de tiempo al tribunal ó Autoridad correspondiente las respectivas filiaciones, hojas de servicios ó histórico-penales á los efectos de la revisión.

9ª Los individuos que en virtud de la misma sean licenciados en los establecimientos penales comunes y hayan de servir en el Ejército, serán en todo caso destinados á Cuerpos de disciplina, haciendo constar en sus filiaciones que no se les destina en concepto de penados, cuando así corresponda.

10. Los individuos que por consecuencia de la revisión queden exentos del servicio en cuerpo disciplinario á actualmente se hallen destinados, continuarán en los nos para completar el que les falte en filas, aunque sin

el carácter de penados, haciéndose así constar en sus filiaciones.

De Real orden lo digo á V. E. á los efectos consiguientes.—Dios guarde á V. E. muchos años.—Madrid 10 de Octubre de 1890.

AZCARRAGA.

Señor . . . . . .

CPSIA information can be obtained at www.ICGtesting.com
Printed in the USA
BVOW02s1003240815

414758BV00014B/138/P

9 781168 070678